相続登記相談対応マニュアル

編　集　司法書士法人 おおさか法務事務所
編集代表　北村　清孝 （司法書士）

新日本法規

は　し　が　き

　民法のうち、相続に関連する法については昭和55年以来、大きな見直しはなされておりませんでした。しかしながら、高齢化に代表される社会経済情勢の変化に対応するため、従来の相続法の大規模改正が実施され、相続に関する法制度は大きく動きました。

　また、所有者不明土地の増大という問題に対処するため、政府も相続登記の義務化に代表される様々な法改正案を国会に提出したい考えを持っているとの法務省発表もなされました。

　このような背景から、今後、司法書士が関与すべき相続登記は従来よりも増大するものと予測され、増大する相続登記のニーズに応えるべく、司法書士側も日々研鑽を重ねていく必要があるものと考えます。

　相続登記の分野は思いのほか深く、様々なバリエーションに富んでおり、ともすれば陥りやすい罠といえる論点がたくさんあるように思います。

　これらの論点を具に押さえていくことが専門家たる司法書士の務めであり、その一助となる書籍の役目はその意味で大きいものだと考えます。

　しかしながら、いずれの法務もそうであるように、基礎的な流れの把握なくして積み上げた知識は脆く、危ういものであります。

　本書は、まだ経験の浅い司法書士でも、相続登記について基礎的な流れをまず押さえること、そして一定程度経験のある司法書士の場合は基礎的な流れを再確認することを目的とし、実務上頻出するであろう項目を中心に体系項目として掲載し、深い論点や実務上あまり見受けられないような複雑な論点については別書籍に委ねることとして執筆いたしました。中には少し深い論点にも言及している部分もありますが、基本的には相続登記における基礎的な軸を押さえること及び再確認することの一助となればという目的で執筆しております。

　また、司法書士実務においては、司法書士と補助者が協力して案件を処理することが多く、相続登記の場合でも司法書士と補助者が連携して案件を処理していることが多いと思います。司法書士と補助者の意思疎通・連携がうまくいかなければ、案件処理にも支障が生じることもあり得ます。そのため、本書では、相続登記において司法書士と補助者が連携するに当たっての留意点としてのポイントを掲載しました。主には補助者側の視点から留意すべきポイントとして掲載しておりますが、このポイントに留意することによって司法書士・補助者間の連携がスムーズに行えるための一助となれば幸いです。

本書執筆に当たっては、広範な相続登記の分野から本書に掲載すべき内容を判断するに当たり、時には迷うことも多く、実務の傍ら執筆を継続することの難しさに戸惑うことも多くありました。

　そのような中で、本書が完成する前に当事務所を退職することとなった楠允希さんには多大な協力をいただき、執筆者を支えていただいたことに対しては感謝の念に堪えません。執筆だけでなく補助者として短くない間事務所を支えていただいたことにこの場を借りて御礼申し上げます。

　最後に、新日本法規出版株式会社 河村悟氏並びに編集部の皆様には大変お世話になりました。本書が完成するのか心労をお掛けしたのではないかと心苦しく思っております。無事本書を上梓できましたこと、ここに厚く御礼申し上げます。

令和元年9月

編集代表　北 村 清 孝

編集者・執筆者一覧

令和元年9月現在

編　集　司法書士法人　おおさか法務事務所

＜編集代表＞

北村　清孝（司法書士）

＜執筆者＞

北村　清孝（司法書士）

稲葉　光治（司法書士）

松田　麻由（司法書士）

立石　和希子（司法書士）

若松　真央（司法書士補助者）

早川　武（司法書士補助者）

（所在地）

本町オフィス：大阪市中央区久太郎町2丁目5番28号　久太郎町恒和ビル4F

　　　　　　　所長：北村清孝（司法書士・同法人代表社員）

　　　　　　　Tel：06-6253-7707　Fax：06-6253-7708

　　　　　　　URL：http://olao.jp/

その他、南本町（後見信託センター）、八尾市の本町（八尾オフィス）、西宮市の寿町（夙川オフィス）、東京都千代田区の六番町（麹町オフィス）の5拠点を有する。

（業務概要）

遺言書作成・相続遺産整理サービス、民事信託に関するサポート、会社法務に関するサポート、成年後見、不動産登記、商業登記、債務整理、簡裁代理　等

凡　　例

＜本書の内容＞

　本書は、相続登記に関する相談対応業務の流れをマニュアル化したものです。手続の流れをフローチャートで図示した上で、手続上の留意事項をわかりやすく解説するとともに必要な書式等を掲載しています。

＜本書の体系＞

　本書は、次の7章により構成しています。

　第1章　相談・受任

　第2章　現状把握

　第3章　相続内容の確認

　第4章　相続を原因とする所有権の登記の実行

　第5章　相続を原因とする（根）抵当権等の登記の実行

　第6章　登記後の処理

　第7章　渉外相続登記への対応

＜表記の統一＞

1　法令等

　根拠となる法令等の略記例及び略語は次のとおりです（〔　〕は本文中の略語を示します。）。

　　民法第889条第1項第1号＝民889①一

　　平成29年3月23日民二第174号＝平29・3・23民二174

民	民法	〔応急措置法〕	〔旧〕日本国憲法の施行に伴う民法の応急的措置に関する法律
改正民〔改正民法〕	民法及び家事事件手続法の一部を改正する法律（平成30年法律第72号)による改正後の民法〔令和2年4月1日施行分〕	家事	家事事件手続法
		刑	刑法
		高齢居住安定	高齢者の居住の安定確保に関する法律
改正民（債権）〔改正民法（債権法）〕	民法の一部を改正する法律（平成29年法律第44号）による改正後の民法	戸籍	戸籍法
		戸籍規	戸籍法施行規則
		借地借家	借地借家法
		登税	登録免許税法
遺言保管	法務局における遺言書の保管等に関する法律	不登	不動産登記法

不登令	不動産登記令		法適用	法の適用に関する通則法
不登規	不動産登記規則			

2　判　例

根拠となる判例の略記例及び出典・雑誌の略称は次のとおりです。

最高裁判所平成28年12月19日判決、判例時報2333号68頁

＝最判平28・12・19判時2333・68

判時	判例時報		民録	大審院民事判決録
判タ	判例タイムズ		法学	法学（東北大学法学会誌）
家月	家庭裁判月報		登記	登記先例解説集
高民	高等裁判所民事判例集		登研	登記研究
裁判集民	最高裁判所裁判集民事		民月	民事月報
新聞	法律新聞			
民集	最高裁判所（大審院）民事判例集			

目　　次

第1章　相談・受任

ページ

＜フローチャート～相談・受任＞……………………………………… *3*

1　相談前の留意事項　*4*

(1)　相続関係人のヒアリングのための準備　*4*

(2)　相続登記対象不動産及び対象権利の特定のための準備　*4*

(3)　必要書類収集の打合せのための準備　*5*

【参考書式1】　相続関係ヒアリングシート　*6*

【参考書式2】　必要書類に関するヒアリングシート　*8*

2　相談対応　*9*

(1)　相続関係人のヒアリング　*9*

(2)　遺言書の有無の確認　*9*

(3)　相続によって名義人となる者のヒアリング　*10*

(4)　相続登記対象不動産及び対象権利の特定　*11*

(5)　必要書類収集の打合せ　*11*

3　受任手続　*12*

(1)　依頼範囲の確認　*12*

(2)　登記費用の見積り　*13*

(3)　委任契約書の徴求　*13*

第2章　現状把握

＜フローチャート～現状把握＞………………………………………… *17*

1　相談発生状況の確認　*18*

(1)　紛争性の有無の確認　*18*

(2)　依頼者の立場の確認　*18*

(3)　死亡からの時間経過の確認　*19*

2　適用する相続法の確認　*19*

(1)　旧民法［明治31年7月16日～昭和22年5月2日］　*20*

(2) 応急措置法［昭和22年5月3日～昭和22年12月31日］ *21*

(3) 現行民法［昭和23年1月1日～］ *21*

3 遺言書の有無と内容の確認 *23*

(1) 遺言書の有無の確認 *23*

(2) 遺言書の種類の確認 *24*

(3) 遺言書の有効性の確認 *24*

(4) 遺言書の内容の確認 *25*

【参考書式3】 財産目録を自書しない場合の遺言書 *27*

4 死因贈与契約の有無と内容の確認 *28*

(1) 死因贈与契約の有無の確認 *28*

(2) 死因贈与契約の内容の確認 *28*

(3) 仮登記の有無の確認 *29*

5 遺産分割協議書の有無と内容の確認 *29*

(1) 遺産分割協議書の有無の確認 *30*

(2) 遺産分割協議書の有効性の確認 *30*

(3) 遺産分割協議書の内容の確認 *30*

第3章　相続内容の確認

第1　登記申請人の相続内容を確認する

1　登記申請人の相続適格・順位を確認する

＜フローチャート～登記申請人の相続適格・順位の確認＞…………*35*

1 登記申請人が相続人の範囲に入っているかの確認 *36*

(1) 被相続人の子（第1順位） *36*

(2) 被相続人の直系尊属（第2順位） *38*

(3) 被相続人の兄弟姉妹（第3順位） *38*

(4) 被相続人の配偶者 *39*

(5) 代襲相続人 *39*

2 登記申請人が相続人であることを証明する書類の収集 *42*

(1) 被相続人の出生から死亡までの全ての戸籍謄本（全部事項証明書） *42*

(2) 被相続人の最後の住所が分かる住民票の写し若しくは戸籍の附票の写し　*43*

(3) 相続人の現在戸籍抄本（謄本）（一部（全部）事項証明書）　*44*

3 登記申請人に欠格事由がないかの確認　*45*

(1) 相続欠格事由　*45*

(2) 相続欠格の効果　*46*

4 登記申請人に廃除事由がないかの確認　*46*

(1) 推定相続人の廃除　*47*

(2) 廃除の取消し　*48*

5 登記申請人に相続の承認（単純承認・限定承認）・放棄をする意思がないかの確認　*49*

(1) 熟慮期間　*50*

(2) 単純承認　*51*

(3) 限定承認　*52*

(4) 相続の放棄　*54*

6 相続人の中に行方不明者がいないかの確認　*56*

(1) 行方不明者の捜索　*56*

(2) 不在者財産管理人の選任　*56*

(3) 失踪宣告　*57*

2 登記申請人の相続割合を確認する

＜フローチャート〜登記申請人の相続割合の確認＞······················ *59*

1 基本となる相続割合の確認　*60*

(1) 子と配偶者は各2分の1　*60*

(2) 配偶者と直系尊属は、配偶者3分の2、直系尊属3分の1　*60*

(3) 配偶者と兄弟姉妹は、配偶者4分の3、兄弟姉妹4分の1　*61*

2 登記申請人に特別受益があるかの確認　*63*

(1) 特別受益者の相続分　*64*

(2) 返還不要となる超過分　*64*

(3) 計算し直しの免除の意思　*65*

(4) 夫婦間による自宅贈与における特則　*65*

【参考書式4】　相続分不存在の旨の特別受益証明書　*67*

3　登記申請人に寄与分があるかの確認　*68*

（1）　寄与分　*68*

（2）　寄与分の上限　*69*

（3）　特別の寄与　*69*

【参考書式5】　寄与分の割当ての証明書　*71*

4　登記申請人に相続分の譲渡・取戻しがあるかの確認　*72*

（1）　相続分の譲渡　*72*

（2）　取戻権　*72*

（3）　取戻権の行使期限　*73*

【参考書式6】　相続分譲渡証書　*74*

3　相続関係説明図を作成する

＜フローチャート〜相続関係説明図の作成＞……………………………… *75*

1　相続関係説明図作成に必要な資料の収集　*76*

（1）　相続関係説明図　*76*

（2）　相続関係説明図作成に必要な書類　*76*

2　相続関係説明図の作成　*77*

（1）　相続関係説明図に記載する情報　*77*

（2）　相続関係説明図の記載内容及び書き方　*78*

【参考書式7】　相続関係説明図　*80*

【参考書式8】　法定相続情報証明　*81*

第2　登記申請人が相続する財産を確認する

＜フローチャート〜登記申請人が相続する財産の確認＞……………… *82*

1　登記申請人が相続する財産の調査　*83*

（1）　固定資産税・都市計画税課税明細書　*83*

（2）　名寄帳　*84*

（3）　登記済権利証（登記識別情報通知）　*85*

（4）　登記事項証明書（登記情報）　*85*

（5）　公　図　*85*

目　次

2　登記事項の確認　*86*

(1)　未登記不動産の有無の確認　*86*

(2)　登記名義人等の確認　*87*

(3)　権利阻害事項の有無の確認　*88*

3　実体上の権利関係の確認　*89*

(1)　不動産の現況の確認　*89*

(2)　実体上の所有者の確認　*90*

(3)　権利阻害事項の現況の確認　*90*

第3　遺産分割方法を確認し決定する

＜フローチャート～遺産分割方法の確認・決定＞……………………*93*

1　遺産分割方法の確認　*94*

(1)　遺産分割協議の当事者の確認　*94*

(2)　当事者間に争いがないかの確認　*96*

(3)　どのように分けるかの確認　*97*

2　遺産分割方法の決定　*105*

(1)　遺産分割協議　*106*

(2)　遺産分割協議書の作成　*106*

【参考書式9】　遺産分割協議書　*112*

【参考書式10】　遺産分割協議書（特別代理人との間で合意する場合）　*114*

【参考書式11】　遺産分割協議書（数次相続の場合）　*116*

第4章　相続を原因とする所有権の登記の実行

第1　所有権保存登記をする

＜フローチャート～所有権保存登記の実行＞………………………*119*

1　所有権保存登記の申請人となる者の確認　*120*

(1)　所有権保存登記の申請人となる者の確認　*120*

(2)　数次相続の場合の登記方法の確認　*121*

2　所有権保存登記の添付情報の確認・収集　*122*

（1）　相続を証明する情報の確認　*122*

（2）　住所証明情報の確認　*123*

（3）　代理権限証明情報の確認　*124*

（4）　その他の情報の確認　*124*

3　所有権保存登記の登記申請書の作成　*125*

（1）　所有権保存登記申請書の作成　*125*

　　【参考書式12】　法定相続による所有権保存登記申請書　*126*

　　【参考書式13】　遺産分割による所有権保存登記申請書　*127*

　　【参考書式14】　遺言による所有権保存登記申請書　*128*

第2　所有権移転登記をする

＜フローチャート～所有権移転登記の実行＞……………………………*129*

1　所有権移転登記の前提の確認　*130*

（1）　法定相続　*130*

（2）　遺産分割協議による相続　*131*

（3）　遺言による相続・遺贈　*131*

2　所有権移転登記の実行方法の確認　*132*

（1）　法定相続による所有権移転登記の実行方法　*132*

（2）　遺産分割協議による所有権移転登記の実行方法　*133*

（3）　その他様々な場合の相続による所有権移転登記の実行方法　*133*

（4）　遺言による所有権移転登記の実行方法　*136*

（5）　清算型遺贈による所有権移転登記の実行方法　*137*

3　所有権移転登記の添付情報の確認・収集　*141*

（1）　相続を原因とする所有権移転登記の添付情報　*142*

（2）　遺贈を原因とする所有権移転登記の添付情報　*143*

4　所有権移転登記の登記申請書の作成　*145*

（1）　所有権移転登記申請書の作成　*145*

　　【参考書式15】　法定相続による所有権移転登記申請書　*147*

　　【参考書式16】　遺産分割による所有権移転登記申請書　*148*

　　【参考書式17】　遺言による所有権移転登記申請書　*149*

　　【参考書式18】　遺贈を原因とする所有権移転登記申請書　*150*

第5章　相続を原因とする（根）抵当権等の登記の実行

第1　抵当権に関する相続登記をする

1　抵当権者の地位を相続して登記する

＜フローチャート～抵当権者の地位の相続登記＞……………………… *153*

1　現況の確認　*154*

(1)　被担保債権の残存の確認　*154*

(2)　相続内容の確認　*154*

2　添付情報の確認・収集　*155*

(1)　添付情報の確認　*156*

(2)　添付情報の収集　*158*

3　登記申請書の作成　*158*

(1)　移転登記申請書の作成　*158*

【参考書式19】　抵当権移転登記申請書（「相続」を原因とする場合）　*161*

【参考書式20】　抵当権移転登記申請書（「遺産分割」を原因とする場合）　*161*

2　債務者の地位を相続して登記する

＜フローチャート～債務者の地位の相続登記＞………………………… *162*

1　現況の確認　*163*

(1)　被担保債務の現存の確認　*163*

(2)　相続による債務の承継先の確認　*163*

2　添付情報の確認・収集　*166*

(1)　添付情報の確認　*166*

(2)　添付情報の収集　*168*

【参考書式21】　遺産分割協議による債務者変更に関する登記原因証明情報（報告形式）　*170*

【参考書式22】　債務引受による債務者変更に関する登記原因証明情報（報告形式）　*171*

3　登記申請書の作成　*174*

(1)　債務者変更登記申請書の作成　*174*

【参考書式23】　抵当権の債務者の変更登記申請書（遺産分割協議による場合）　*178*

【参考書式24】 抵当権の債務者の変更登記申請書（債務引受による場合） *179*

【参考書式25】 抵当権の債務者の変更登記申請書（連帯債務者の相続による場合） *181*

第2 根抵当権に関する相続登記をする

1 根抵当権者の地位を相続して登記をする

＜フローチャート～根抵当権者の地位の相続登記＞………………… *183*

1 現況の確認 *184*

(1) 元本確定状況の確認 *184*

(2) 登記情報の現況の確認 *184*

(3) 相続内容の確認 *185*

2 添付情報の確認・収集 *185*

(1) 添付情報の確認 *186*

(2) 添付情報の収集 *187*

【参考書式26】 指定根抵当権者の合意に関する登記原因証明情報（報告形式） *188*

3 登記申請書の作成 *189*

(1) 移転登記申請書の作成 *189*

(2) 合意による変更登記申請書の作成 *189*

【参考書式27】 相続による根抵当権移転登記申請書 *193*

【参考書式28】 指定根抵当権者の合意による変更登記申請書 *194*

2 根抵当権の債務者の地位を相続して登記をする

＜フローチャート～根抵当権の債務者の地位の相続登記＞………… *195*

1 現況の確認 *196*

(1) 元本確定状況の確認 *196*

(2) 登記情報の現況の確認 *197*

(3) 相続内容の確認 *197*

2 添付情報の確認・収集 *198*

(1) 添付情報の確認 *198*

（2）　添付情報の収集　*199*

　【参考書式29】　債務者の相続に関する登記原因証明情報（報告形式）　*200*

　【参考書式30】　指定債務者の合意に関する登記原因証明情報（報告形式）　*201*

③　登記申請書の作成　*202*

（1）　債務者の変更登記申請書の作成　*202*

（2）　合意による変更登記申請書の作成　*202*

　【参考書式31】　根抵当権の債務者の変更登記申請書　*206*

　【参考書式32】　根抵当権の指定債務者の合意による変更登記申請書　*207*

第3　その他の権利の登記をする

1　賃借権者の地位を相続して登記をする

＜フローチャート〜賃借権者の地位の相続登記＞……………………*208*

①　現況の確認　*209*

（1）　登記情報の現況の確認　*209*

（2）　遺言書の有無の確認　*210*

（3）　相続内容の確認　*210*

②　添付情報の確認・収集　*211*

（1）　添付情報の確認　*211*

（2）　添付情報の収集　*212*

③　登記申請書の作成　*212*

（1）　移転登記申請書の作成　*212*

　【参考書式33】相続による賃借権移転登記申請書　*214*

2　地上権者の地位を相続して登記をする

＜フローチャート〜地上権者の地位の相続登記＞……………………*215*

①　現況の確認　*216*

（1）　登記情報の現況の確認　*216*

（2）　遺言書の有無の確認　*217*

（3）　相続内容の確認　*217*

2 添付情報の確認・収集　*218*

(1) 添付情報の確認　*218*

(2) 添付情報の収集　*219*

3 登記申請書の作成　*219*

(1) 移転登記申請書の作成　*219*

【参考書式34】　相続による地上権移転登記申請書　*220*

3　地役権の相続登記をする

＜フローチャート～地役権の相続登記＞……………………………………… *221*

1 現況の確認　*222*

(1) 登記情報の現況の確認　*222*

2 地役権の帰趨に関する登記　*223*

(1) 要役地の移転登記　*223*

(2) 地役権の抹消登記　*223*

【参考書式35】　要役地の所有権移転を原因とする地役権抹消登記
申請書　*224*

第6章　登記後の処理

第1　相続を原因とする登記の更正登記をする

＜フローチャート～相続を原因とする登記の更正登記＞…………… *227*

1 更正登記の要件の確認　*228*

(1) 共同相続登記を単独相続登記に更正　*228*

(2) 単独相続登記を共同相続登記に更正　*231*

(3) 相続分を更正　*232*

(4) 債権者代位による相続登記を更正　*234*

2 添付情報の確認・収集　*236*

(1) 更正の原因を証する書面　*237*

(2) 登記義務者の登記済権利証（登記識別情報通知）　*237*

(3) 登記義務者の印鑑登録証明書　*237*

(4) 住所証明情報　*237*

(5) 登記上の利害関係人の承諾書　*238*

　　　　　　　　　　　　　目　　次　　　　　　　　　11

　　③　更正登記申請書の作成　*238*

　　　(1)　共同相続を単独相続に更正する場合　*238*

　　　(2)　単独相続を共同相続に更正する場合　*239*

　　　(3)　相続分を更正する場合　*239*

　　　【参考書式36】　更正登記申請書（共同相続を単独相続に更正する
　　　　　　　　　　　場合）　*240*

　　　【参考書式37】　更正登記申請書（単独相続を共同相続に更正する
　　　　　　　　　　　場合）　*241*

　　　【参考書式38】　更正登記申請書（相続分を更正する場合）　*241*

第2　相続を原因とする登記を抹消する

　　＜フローチャート～相続を原因とする登記の抹消＞・・・・・・・・・・・・・・・・・・・ *242*

　　①　抹消登記の要件の確認　*243*

　　　(1)　登記と実体法上の権利関係の完全な不適合　*243*

　　　(2)　登記上の利害関係人の承諾　*244*

　　　(3)　現に効力を有する登記であること　*244*

　　②　添付情報の確認・収集　*246*

　　　(1)　抹消の原因を証する書面　*247*

　　　(2)　登記義務者の登記済権利証（登記識別情報通知）　*247*

　　　(3)　登記義務者の印鑑登録証明書　*247*

　　　(4)　登記上の利害関係人の承諾書　*247*

　　③　抹消登記申請書の作成　*248*

　　　(1)　所有権保存登記の抹消　*248*

　　　(2)　所有権移転登記の抹消　*248*

　　　【参考書式39】　抹消登記申請書（所有権保存登記の抹消）　*249*

　　　【参考書式40】　抹消登記申請書（所有権移転登記の抹消）　*250*

第7章　渉外相続登記への対応

　　＜フローチャート～渉外相続登記の処理＞・・・・・・・・・・・・・・・・・・・・・・・・・・・ *253*

　　①　被相続人の国籍と適用法の確認　*254*

　　　(1)　国籍の確認　*254*

　　　(2)　適用法の確認　*254*

2 相続登記に必要な書類の確認　*256*

 (1) 米国籍の場合　*256*

 (2) 中国籍の場合　*258*

 (3) 韓国籍の場合　*258*

 (4) 北朝鮮国籍の場合　*259*

3 添付情報の収集　*260*

 (1) 米国籍の場合　*260*

 (2) 中国籍の場合　*261*

 (3) 韓国籍の場合　*261*

 (4) 北朝鮮国籍の場合　*262*

4 渉外相続登記申請書の作成　*262*

 (1) 登記申請書の作成　*262*

第 1 章

相談・受任

2

第1章　相談・受任　　3

＜フローチャート～相談・受任＞

1 相談前の留意事項
- (1) 相続関係人のヒアリングのための準備
- (2) 相続登記対象不動産及び対象権利の特定のための準備
- (3) 必要書類収集の打合せのための準備

2 相談対応
- (1) 相続関係人のヒアリング
- (2) 遺言書の有無の確認
- (3) 相続によって名義人となる者のヒアリング
- (4) 相続登記対象不動産及び対象権利の特定
- (5) 必要書類収集の打合せ

補助者業務のポイント
資格者と依頼者の打合せに同席し案件内容を把握

3 受任手続
- (1) 依頼範囲の確認
- (2) 登記費用の見積り
- (3) 委任契約書の徴求

1 相談前の留意事項

（1）　相続関係人のヒアリングのための準備

　依頼者との打合せにおいて相続関係をスムーズに聴取するために必要な準備を行います。

（2）　相続登記対象不動産及び対象権利の特定のための準備

　依頼者との打合せにおいて相続登記対象不動産及び対象権利を特定するために必要な準備を行います。

（3）　必要書類収集の打合せのための準備

　依頼者との打合せにおいてスムーズに必要書類収集の打合せを行うために必要な準備を行います。

（1）　相続関係人のヒアリングのための準備 ■■■■■■■■■■■■■

　相続登記を行うためには、被相続人の相続関係を証する戸籍謄本（全部事項証明書）等を手配する必要があり、相続関係を証する戸籍謄本（全部事項証明書）等を手配するためにはあらかじめ相続関係を依頼者が知り得る範囲でなるべく詳細にヒアリングしておき、戸籍謄本（全部事項証明書）取得が必要な範囲を想定しておく必要があります。

　相続関係のヒアリングをスムーズに行うことができるよう、あらかじめヒアリングシートを用意しておき、打合せの場で利用できるように手配しましょう。

【参考書式1】　相続関係ヒアリングシート

（2）　相続登記対象不動産及び対象権利の特定のための準備 ■■■■■■

　相続登記の対象となる不動産及び権利を特定するには、対象不動産の所在地番を把握し、最新の登記情報を入手して被相続人が所有権、担保権等の権利者となっているかを確認する必要があります。

　登記情報を取得するため、対象不動産の所在地番を把握する手段としては、次の方法が考えられます。

① 固定資産税等納税通知書の課税明細のページを参照する
② 固定資産名寄帳や評価証明を取得して確認する
③ 依頼者が保有している登記済権利証（登記識別情報通知）あるいは担保権等の登記済権利証（登記識別情報通知）で確認する
④ 依頼者が把握している住所等から地番を調査する

固定資産税等納税通知書では、非課税の不動産が記載されていなかったり、名寄帳や評価証明は各市区町村の不動産しか把握できなかったりと、それぞれ単体では相続登記対象不動産を漏らしてしまうリスクがあります。

したがって、上記手法のうちただ1つだけを選択するのではなく、複合的に調査する必要があり、当初打合せ段階で納税通知書や権利証等の準備を依頼者にお願いしておくことが肝要です。

また、必要に応じて受任者側で名寄帳や固定資産評価証明を収集するための委任状もあらかじめ準備しておくとよいでしょう。

(3) 必要書類収集の打合せのための準備 ■■■■■■■■■■■■■■■

相続登記には、相続関係を証する戸籍謄本（全部事項証明書）等や、被相続人の死亡によって開始した相続によって相続人が所有権を取得するに至った経緯を証する遺産分割協議書あるいは遺言書等の書類が必要になります。

遺言書の有無の確認、遺産分割協議書の作成の必要性、戸籍謄本（全部事項証明書）等の収集を依頼者側で行うかあるいは司法書士の職権で収集するか等の打合せをスムーズに行うため、あらかじめヒアリングシートを用意しておき、打合せの場で利用できるように手配しましょう。

【参考書式2】 必要書類に関するヒアリングシート

6　　　　　　　　　第1章　相談・受任

【参考書式1】　相続関係ヒアリングシート

相続関係ヒアリングシート

1．被相続人様・相続人様のご住所・ご氏名・本籍地
　①　被相続人様【お亡くなりになられた方】
　　　　ご住所（　　　　　　　　　　　　　　　　　　　　）
　　　　ご氏名（　　　　　　　　　　　）
　　　　本籍地（　　　　　　　　　　　　　　　　　　）
　②　相続人様
　　・ご住所（　　　　　　　　　　　　　　　　　　　　）
　　　ご氏名（　　　　　　　　　　　）
　　　本籍地（　　　　　　　　　　　　　　　　　　）
　　・ご住所（　　　　　　　　　　　　　　　　　　　　）
　　　ご氏名（　　　　　　　　　　　）
　　　本籍地（　　　　　　　　　　　　　　　　　　）
　　・ご住所（　　　　　　　　　　　　　　　　　　　　）
　　　ご氏名（　　　　　　　　　　　）
　　　本籍地（　　　　　　　　　　　　　　　　　　）
　　・ご住所（　　　　　　　　　　　　　　　　　　　　）
　　　ご氏名（　　　　　　　　　　　）
　　　本籍地（　　　　　　　　　　　　　　　　　　）
　　・ご住所（　　　　　　　　　　　　　　　　　　　　）
　　　ご氏名（　　　　　　　　　　　）
　　　本籍地（　　　　　　　　　　　　　　　　　　）
2．不動産物件あるいは権利を相続される方のご氏名等
　□（　　　　　　　　　　　　　）の土地
　　　対象権利（所有権・その他の権利「　　　　　　　　　」）
　　　相続承継人（　　　　　　　　　　）　持分（　）分の（　）
　　　　　　　　（　　　　　　　　　　）　持分（　）分の（　）
　□（　　　　　　　　　　　　　）の土地
　　　対象権利（所有権・その他の権利「　　　　　　　　　」）
　　　相続承継人（　　　　　　　　　　）　持分（　）分の（　）
　　　　　　　　（　　　　　　　　　　）　持分（　）分の（　）

第1章　相談・受任

□（　　　　　　　　　　　　　　）の土地
　対象権利（所有権・その他の権利「　　　　　　　　　　」）
　相続承継人（　　　　　　　　　　　）　持分（　）分の（　）
　　　　　　　（　　　　　　　　　　　）　持分（　）分の（　）
□（　　　　　　　　　　　　）家屋番号（　　　　）の建物
　対象権利（所有権・その他の権利「　　　　　　　　　　」）
　相続承継人（　　　　　　　　　　　）　持分（　）分の（　）
　　　　　　　（　　　　　　　　　　　）　持分（　）分の（　）
□（　　　　　　　　　　　　）家屋番号（　　　　）の建物
　対象権利（所有権・その他の権利「　　　　　　　　　　」）
　相続承継人（　　　　　　　　　　　）　持分（　）分の（　）
　　　　　　　（　　　　　　　　　　　）　持分（　）分の（　）
□（　　　　　　　　　　　　）家屋番号（　　　　）の建物
　対象権利（所有権・その他の権利「　　　　　　　　　　」）
　相続承継人（　　　　　　　　　　　）　持分（　）分の（　）
　　　　　　　（　　　　　　　　　　　）　持分（　）分の（　）

【参考書式2】　必要書類に関するヒアリングシート

相続登記必要書類ヒアリングシート

1．ご用意いただく書類
　□相続登記対象不動産の○○年度固定資産評価証明書若しくは○○年度固定資産税
　　納税通知書の写し
　□お持ちの登記済権利書（登記識別情報通知）
2．登記に必要な書類
　□被相続人様の出生からお亡くなりになるまでの戸籍謄本（全部事項証明書）・除籍
　　謄本（除籍全部事項証明書）・改製原戸籍謄本全て
　□被相続人様の戸籍の附票の写し若しくは除票の写し
　□相続人様全員の現在戸籍謄本（全部事項証明書）又は現在戸籍抄本（一部事項証
　　明書）
　□不動産を取得される相続人様の住民票の写し若しくは戸籍の附票の写し
　※上記の戸籍関係はご依頼があれば司法書士で職権により代理取得が可能です。
　□相続人様全員の印鑑登録証明書
　□相続人様全員のご実印の押印
　□対象物件全ての当年度固定資産評価証明書若しくは○○年度固定資産税納税通知
　　書の写し

> 戸籍謄本（全部事項証明書）等の職権での代理取得を
> 　　　　　　　　　　　　　　　□司法書士に依頼する　　□自ら取得する

　※被相続人様・相続人様で外国籍を有される方がいらっしゃる場合は、制度上、職
　　権による代理取得できないものがあるので注意します。

第1章 相談・受任　　9

2 相談対応

> **(1)　相続関係人のヒアリング**
> 　亡くなった方の相続人を特定するための情報の聞き取りを行います。
> **(2)　遺言書の有無の確認**
> 　相続登記対象不動産の帰属先、その後の手続方法に影響を及ぼす遺言書の有無を確認します。
> **(3)　相続によって名義人となる者のヒアリング**
> 　相続登記対象不動産につき相続によって承継する相続人を確認します。
> **(4)　相続登記対象不動産及び対象権利の特定**
> 　相続登記を行うべき対象の不動産及び権利を特定するための方法を検討します。
> **(5)　必要書類収集の打合せ**
> 　相続登記に必要な書類の収集を誰がどのように行うか打合せを行います。

(1)　相続関係人のヒアリング ■■■■■■■■■■■■■■■■■■■■

　相続登記を行うためには、被相続人の相続関係を証明する戸籍謄本（全部事項証明書）一式若しくは法定相続証明情報が必要になります。

　相続人間の遺産分割協議は相続人が全員そろって行わなければ効力を生じません。遺産分割協議が有効に成立しているかどうかを確認するためにも、必要な戸籍謄本（全部事項証明書）類を収集するためにも、相続関係を把握することが必要になります。

　受任段階で依頼者が把握する限りの親族関係の聞き取りを行い、収集した戸籍謄本（全部事項証明書）等で相続人を確定する必要があります。

　親族関係の聞き取りにおいては、単に氏名・関係だけでなく、依頼者が把握している各相続人及び被相続人の住所及び本籍地も併せて確認しておくようにしましょう。

(2)　遺言書の有無の確認 ■■■■■■■■■■■■■■■■■■■■■

　相続手続においては、遺言書が存在するかしないかでその後の手続・手法が大きく異なることになります。相続人間の相続割合を法定相続分と異なる割合で相続承継す

る場合や特定の相続人に相続承継させる場合は、遺言書や遺産分割協議等が必要になります。遺言書がある場合は、相続人間での遺産分割協議も不要になりますので、当初の段階で遺言書の有無を確認しておかなければなりません。遺産分割協議も終わっていざ登記申請という段階で遺言書が発覚したり、登記申請を行った後に遺言書が発覚すれば、相続人間で無用な紛争を引き起こす要因となり、登記後であれば更正あるいは抹消登記が必要になったりと余計なコストがかかってしまうことになります。早い段階で遺言書の有無を確認しておくことが必要です。

(3) 相続によって名義人となる者のヒアリング ■■■■■■■■■■■

　遺言書で相続登記対象不動産の帰属先となる者が指定されている場合は、遺言書の内容を確認すれば足ります。遺言書がない場合や、遺言書で相続登記対象不動産の帰属先となる者が指定されていない場合は、相続登記対象不動産は法定相続分に応じて相続人の共有となるか、相続人全員参加による遺産分割協議や相続放棄、相続分の譲渡等によって特定の相続人の所有となることになります。

　依頼のタイミングによっては、遺産分割協議等が既になされている場合や、これから行われる予定の場合があります。

　受任時に相続登記対象不動産の帰属先及び帰属方法を確認しておき、誰に対して名義変更登記を行うのかを確認しておきます。

補助者業務のポイント

○相続登記案件に関する補助者の役割

　相続登記案件に関する補助者の役割は、所属事務所の方針によっても様々ではありますが、一般的には①戸籍謄本（全部事項証明書）等を職権取得する場合の収集手配、②相続関係説明図等相続登記必要書類の作成援助、③委任状等登記関係書面の当事者への郵送手配、④登記申請書の作成援助、⑤登記申請行為の補助、⑥登記完了後の権利証の作成及び完了後書類の当事者への引渡し、等が考えられます。

　上記作業は有資格者の監督の下で遂行されるものですが、案件をスムーズに進行させるためには、有資格者の指示を待って行動するのではなく、自らも進行を考えた上で都度都度の作業をサポートしていく必要があります。

　そのためには、有資格者と依頼者の当初打合せ時に同席し、自らも直接案件内容を把握しておき、かつ、当事者と面識を得ておくことが有用といえます。

(4) 相続登記対象不動産及び対象権利の特定 ■■■■■■■■■■■■

　相続登記を行うべき権利が所有権であっても担保権等その他の権利であっても、不動産に登記された権利が対象となります。したがって、相続登記を行うべき対象の権利を特定するためには、依頼者からのヒアリングに加えて相続登記の対象となる権利が記載された不動産登記情報を入手することが必要になります。

　通常、依頼者の側において相続登記の対象となる権利が記載された不動産登記情報を準備していることはまれで、専門知識のない依頼者に対して不動産登記情報の準備をお願いしても、正しいものが取得できるとは限りません。また、依頼者に不動産登記情報の取得をお願いすると、法務局まで取得しに行ったりする時間等手間をかけてしまうことにもなります。

　相続登記対象不動産の登記情報の取得は極力専門知識のある司法書士の側で収集することを心がけることが肝要です。そうすることによって、依頼者が把握していない道路部分等の不動産があることが発覚することもよくあります。

　依頼者との打合せ時において、依頼者が準備しやすい固定資産税等納税通知書のコピーを受領したり、登記済権利証（登記識別情報通知）を確認することによって、被相続人が所有していた不動産あるいは担保権等の権利の情報を収集し、司法書士側で登記情報を取得して、必要であれば公図等図面調査を行い、名寄帳の取得を行うことによって相続登記対象不動産に漏れがないよう手配する必要があります。

(5) 必要書類収集の打合せ ■■■■■■■■■■■■■■■■■■■■■■

　相続登記に必要な書類中、戸籍謄本（全部事項証明書）・除籍謄本（除籍全部事項証明書）・改製原戸籍謄本・住民票の写し・戸籍の附票の写しについては、相続登記の依頼を受けた司法書士によって職務上請求を行い収集することが可能です。被相続人の本籍地が相続人居住地から遠く離れている、あるいは転籍を繰り返していて請求を多数の市役所に行わなければならない等、依頼者の方で収集することに困難が予想されるのであれば、司法書士の職務上請求によって収集することを提案してみるべきです。

　また、直近の固定資産税納税通知書が紛失等により無い場合も少なからずあります。被相続人名義の不動産が多数存在する場合や、相続人の方で所有名義不動産を把握していない場合は、固定資産評価証明書や名寄帳の取得のための委任状を徴求し、司法書士の方で取得する方が、相続登記対象不動産の漏れを防ぐという観点でも有用な場合があります。

印鑑登録証明書と登記済権利証（登記識別情報通知）以外の書類については、依頼者も依頼を受けた司法書士も収集することができますので、受任時にそれらの書類を誰が収集するのかを打合せしておく必要があります。

3 受任手続

（1）　依頼範囲の確認
相続に関する登記の依頼は、単に登記申請行為の代理にとどまらず、これに付随する必要書類の収集、遺産分割協議書の作成等の作業が伴うことがあります。相続登記に必要な作業のうち、どこまでを司法書士が業務として依頼を受けるのかを確認します。
（2）　登記費用の見積り
依頼を受ける業務範囲がある程度まとまったならば、依頼に係る費用の概算を依頼者に提示しましょう。
（3）　委任契約書の徴求
依頼を受ける業務範囲、依頼に係る費用について依頼者と合意ができたら、委任契約書として書面化しておくことが好ましいでしょう。

（1）　依頼範囲の確認　■■■■■■■■■■■■■■■■■■■■■■■■■■■■

相続登記の依頼のタイミングは案件に応じて様々です。相続税申告が必要なケースでは税理士が申告準備を行い、その中で遺産分割協議が既に終わってから依頼が来る場合もあれば、遺産分割協議が終わっていない段階で依頼が来る場合もあります。

申告準備がされている段階であれば、相続登記に必要な戸籍謄本（全部事項証明書）類も申告のために既に準備されていることもあり、登記でもその戸籍謄本（全部事項証明書）が使用できることもあります。

受任時に今相続手続のどの段階であるのかを確認しておき、戸籍謄本（全部事項証明書）類の収集が必要なのか、遺産分割協議書の作成が必要なのか、登記申請だけなのか、依頼の範囲を確定しておく必要があります。

(2) 登記費用の見積り ■■■■■■■■■■■■■■■■■■■■■■

　依頼の範囲が確定すれば、依頼に係る費用の見積りを依頼者に提示する必要があります。手続が先行して進行し、後で費用請求を行った場合、依頼者の費用感と齟齬していれば納得が得られず、受任者と紛争になってしまう可能性があります。

　受任時に確定した費用が出せないような場合でも、その時点での情報と将来予測を踏まえて一定の概算を示しておくことも肝要です。

(3) 委任契約書の徴求 ■■■■■■■■■■■■■■■■■■■■■■

　依頼者と手続の受任範囲や手続費用に関する合意が調えば、後日の紛争を防ぐためにも依頼者との間で委任契約書を交わしておくことが有用です。

　実務上、登記申請代理だけの受任になる場合は登記手続委任状のみ徴求することも少なくないようですが、依頼内容や費用についてしっかりとした委任契約を締結しておく方が、依頼者の安心にもつながり、信頼は得やすいはずです。

第 2 章

現状把握

16

＜フローチャート～現状把握＞

1 相談発生状況の確認
- (1) 紛争性の有無の確認
- (2) 依頼者の立場の確認
- (3) 死亡からの時間経過の確認

2 適用する相続法の確認
- (1) 旧民法〔明治31年7月16日 ～昭和22年5月2日〕
- (2) 応急措置法〔昭和22年5月3日 ～昭和22年12月31日〕
- (3) 現行民法〔昭和23年1月1日～〕

補助者業務のポイント

戸籍調査時に被相続人の死亡年月日と適用法を調査し、資格者と共有

3 遺言書の有無と内容の確認
- (1) 遺言書の有無の確認
- (2) 遺言書の種類の確認
- (3) 遺言書の有効性の確認
- (4) 遺言書の内容の確認

4 死因贈与契約の有無と内容の確認
- (1) 死因贈与契約の有無の確認
- (2) 死因贈与契約の内容の確認
- (3) 仮登記の有無の確認

5 遺産分割協議書の有無と内容の確認
- (1) 遺産分割協議書の有無の確認
- (2) 遺産分割協議書の有効性の確認
- (3) 遺産分割協議書の内容の確認

1 相談発生状況の確認

> **（1） 紛争性の有無の確認**
> 　相続について紛争が生じている場合は、紛争が解決しなければ登記を行うことができません。相続人間で相続に関して紛争が生じていないかを確認します。
> **（2） 依頼者の立場の確認**
> 　依頼者が依頼権限のある相続人等の地位にあるかを確認します。
> **（3） 死亡からの時間経過の確認**
> 　期限のある相続税の申告についての注意喚起や、収集する必要のある書類の取得の可否を検討するために確認します。

（1） 紛争性の有無の確認

　相続案件において遺産分割の内容等に関し相続人間で紛争が生じている場合、当該紛争が解決して遺産分割の内容等が確定しなければ、その後の手続はできないことになります。

　相続人間で話合いがまとまっていない、あるいは既に紛争が生じている場合に、相続人の間に立って話をまとめるという行為は弁護士以外には取り扱えない業務になります（弁護士法72）。

　受任時において相続人間で話がまとまっているのか、紛争性はないのかを確認し、必要であれば弁護士に依頼を勧める等の対応が必要です。

（2） 依頼者の立場の確認

　相続案件の相談を持ち込む依頼者の立場としては様々考えられます。相続人のうちの1人から相談される場合や、相続人の複数から相談される場合、相続人の親族から相談される場合等様々なケースがあります。

　最終的に手続の依頼を受ける当事者としては、相続人本人からの依頼を受ける必要がありますので、受任時に相談者が相続人なのかそうでないのかを確認し、その後の対応を考えておく必要があります。

(3) 死亡からの時間経過の確認 ■■■■■■■■■■■■■■■■■

　一般的に、相続税の申告が必要なケースでは、相続を知った日の翌日から10か月以内に相続税の申告を行う必要があります（相続税法27）。また、相続開始から相当な年月が経過している相続登記の依頼を受けることもあり、このような場合は、相続登記に添付が必要な戸籍謄本（全部事項証明書）等の書類が役所の保管期間満了によって取得できないことも想定されます。

　受任時に、相続開始からどれくらいの時間が経過しているかを把握することによって、これから行う手続の時間的制約や、収集が必要な書類の取得の可否の予測を行うことができます。

　あらかじめ時間的制約や必要書類の収集の可否の予測をしておくことによって、その後の手続を迅速かつスムーズに遂行することが可能になります。

2 適用する相続法の確認

> (1) 旧民法 ［明治31年7月16日〜昭和22年5月2日］
>   家督相続と遺産相続の2つの制度が存在し、家督相続は旧民法のみの制度です。
> (2) 応急措置法 ［昭和22年5月3日〜昭和22年12月31日］
>   旧民法が全面的に改正され、現行民法（新民法）の素地となった相続法です。
> (3) 現行民法 ［昭和23年1月1日〜］
>   現行民法施行後も複数回にわたって改正がなされています。直近では平成30年に大きな改正がされているため注意が必要です。

　日本の相続制度は、明治以来幾多の法改正を伴って時代に即し変化を遂げ、民法典の重要な分野として位置付けられてきました。相続登記を処理するに当たっては、被相続人の死亡時における相続法を適用して相続人や相続分などを検討するため、1で述べた状況確認を行った後、最初の段階で適用する相続法を確認する必要があります。

　不動産登記は対抗要件であって申請期限や罰則等もないことから、長年にわたって

相続手続がなされていない不動産も少なくありません。不動産登記名義人の相続から現在に至るまでの間に相続制度が改正され、現在の相続法では処理できない場合があります。被相続人の相続開始時点での法律が適用されるため、申請時点ではなく相続開始時点の相続法に遡ることに注意が必要です。例えば数次に相続が起こっている場合には、被相続人ごとに適用される相続法を確認し相続人や相続分を決定していきます。

　相続による権利変動が過去の長い期間を伴う、あるいは数次にわたった一連の相続が未登記のままである場合はもちろんのこと、改正されてからの数年間は特にこのような相続法制の変化を念頭において業務遂行します。以下で相続法の変遷を記載します。

(1)　旧民法［明治31年7月16日～昭和22年5月2日］ ■ ■ ■ ■ ■ ■ ■ ■ ■

　明治31年7月16日から昭和22年5月2日以前の期間に開始した相続については、いわゆる旧民法（明治31年法律第9号による改正後の民法）の規定を適用します。旧民法においては、①家督相続と②財産相続（現行民法における遺産相続）の2つの制度が存在します。

① 　家督相続（旧民法における戸主の死亡等により開始する相続）

　家督相続は、戦前の家制度を基調とした「戸主」たる身分の相続であり、その特性上、相続人は1人に限られます（家督相続人は、法定、指定、選定の3つに大別され、それぞれの相続順位は異なります。）。前戸主に属する一切の権利義務（旧民法986）、並びに系譜・祭具及び墳墓の所有権（旧民法987）の相続となります。また、家督相続の開始原因としては、被相続人である前戸主の死亡による〈死亡相続〉以外に、当該被相続人の隠居等の〈生前相続〉があります。家督相続の場合の登記原因は「家督相続」で、日付は家督相続の開始した日です。

② 　遺産相続

　遺産相続は、戸主以外の家族の死亡によってのみ開始し、承継するものは財産に限られます。この点においては、現行民法との違いはありません。

　遺産相続の場合の登記原因は「遺産相続」で、日付は家族の死亡した日です。

アドバイス

〇隠居後に取得した財産の処理

　隠居後に取得した財産は、家督相続にはならないので、その不動産の取得年月日と家

督相続の開始年月日のどちらが早いか確認します。不動産の取得年月日が家督相続より
も後の場合は、死亡によってのみ開始する遺産相続の方法によって処理を行います。

(2)　応急措置法［昭和22年5月3日〜昭和22年12月31日］ ■ ■ ■ ■ ■ ■

　昭和22年5月3日から昭和22年12月31日以前に開始した相続に関しては、応急措置法
（日本国憲法の施行に伴う民法の応急的措置に関する法律）が適用されます。日本国
憲法の制定に伴い、民法改正の審議がなされましたが、憲法の施行までに間に合わな
かったため、応急措置的に成立した法令です。

　当該法律は、家制度等の封建的社会制度が色濃く反映された旧民法を、個人の尊厳
と両性の本質的平等を保証する憲法の精神に合致させるために立法されたもので、こ
れにより、旧民法における家督相続の規定は排除され、配偶者の相続権の確立などの
改正がなされました。相続人の範囲や順位について、実質的には相続の規定が全面的
に改正されたことになり、これが新民法の相続の基礎となりました。もっとも、憲法
制定の背景から、十分な検討の時間がなかったため、憲法に抵触しない規定について
は旧民法の規定がそのまま承継された部分も多くあります。

【主な改正点】

①　配偶者があるときは、配偶者は常に相続人となる（応急措置法8①二）。
②　兄弟姉妹の直系卑属には代襲相続権はない（昭25・10・7民事甲2682）。
③　非嫡出子の相続分は、嫡出子の2分の1である。
④　半血兄弟と全血兄弟の相続分の差はない。

(3)　現行民法［昭和23年1月1日〜］ ■ ■ ■ ■ ■ ■ ■ ■ ■ ■ ■ ■ ■ ■ ■

　昭和23年1月1日以降に開始した相続に関しては、現行の民法の適用を受けます。現
行民法は「新民法」と呼ばれることもあります。基礎となる応急措置法からの流れか
ら、主要な特色としては、死亡による遺産相続、配偶者相続権、共同均分相続、祭祀
財産別除があります。昭和23年から、昭和37年、昭和55年、昭和63年、平成25年、平
成30年と過去5度の法改正がなされており、相続分や相続財産の算定方法など細かな
部分の変更がありますので、各改正内容を確認し、相談者のケースに当てはめて対応
することが求められます。

【主な改正点】

昭和37年改正	① 同時死亡の規定の新設
	② 代襲相続の解釈の明確化
	③ 限定承認、放棄の取消しの家庭裁判所への申述の規定の新設
	④ 相続放棄の効果（初めから相続人とならなかったものとする）の見直し
	⑤ 相続人不存在の規定（特別縁故者制度）の新設
昭和55年改正	① 配偶者の相続分の引上げ
	② 兄弟姉妹の代襲相続は、その子までに限定
	③ 配偶者の遺留分の引上げ
	④ 寄与分制度の新設
	⑤ 遺産分割の基準（年齢、心身の状態及び生活状況を追加し、年少者や心身障害者等社会的弱者へ配慮）の改正
昭和63年改正	特別養子となった直系卑属は実方との親族関係が終了し、相続人とならない旨規定
平成25年改正	嫡出でない子の相続分を嫡出子の相続分と同等に
平成30年改正	① 配偶者居住権／配偶者短期居住権の新設（令和2年4月1日施行）
	② 配偶者保護のための持戻し免除の意思表示推定規定の新設（令和元年7月1日施行）
	③ 遺産分割前の預貯金払戻し制度の新設（令和元年7月1日施行）
	④ 遺産分割前に遺産に属する財産を処分した場合の措置を新設（令和元年7月1日施行）
	⑤ 自筆証書遺言の方式緩和（平成31年1月13日施行）
	⑥ 自筆証書遺言の法務局における保管制度の創設（令和2年7月10日施行）
	⑦ 遺言執行者の権限明確化の見直し（令和元年7月1日施行）
	⑧ 遺留分制度の見直し（共有ではなく金銭債権に。支払期限の猶予）（令和元年7月1日施行）
	⑨ 相続させる旨の遺言による対抗要件は、登記の具備が必要に（令和元年7月1日施行）
	⑩ 相続人以外の親族の特別寄与の制度の新設（令和元年7月1日施行）

第2章　現状把握　　23

補助者業務のポイント

〇戸籍調査時に被相続人の死亡年月日と適用法を調査し資格者と共有

　　どの法令を適用するかによって、相続人や相続分など業務を遂行する上で重要な基準が変わりますので、最初の段階で適用法を確認することが必要です。数次相続の場合は、1つの案件の中でも適用される法令が異なることもあります。被相続人の死亡年月日に施行されていた法令が適用されますので、まずは被相続人の死亡年月日を確認することが必要です。最初のヒアリング時に依頼者から口頭で確認できることが多いですが、戸籍調査時にも再度死亡年月日を確認し、適用法令を調査する作業を丁寧に行いましょう。戸籍調査は補助者が行うことが多いので、上記の調査作業までは補助者が行い、結果を司法書士に共有します。

3 遺言書の有無と内容の確認

(1)　遺言書の有無の確認

　相続登記対象不動産の帰属先に影響を及ぼす内容の遺言書の有無を確認します。

(2)　遺言書の種類の確認

　遺言書がある場合、検認手続を要するかどうかを判断するため、遺言書の種類を確認します。

(3)　遺言書の有効性の確認

　公正証書遺言以外の遺言書がある場合、当該遺言書が有効か否かを確認します。

(4)　遺言書の内容の確認

　遺言書の内容における手続上の問題となる箇所の有無、相続手続に影響を与える記載内容の有無を確認します。

(1)　遺言書の有無の確認 ■■■■■■■■■■■■■■■■■■■■■■■■

遺言書がある場合、遺産について相続分の指定あるいは遺産分割の方法の指定や遺

贈に関する内容が示されている場合が多く、後の相続手続に大きく影響することになりますので、受任時に遺言書の有無を確認することが必要になります。

既に依頼者において遺言書の存在を把握している場合はすぐに確認ができるでしょうが、依頼者において遺言書の有無が確認できていない場合もあります。

仏壇や貸金庫等、被相続人が遺言書を保管しておく可能性が高い場所を念のため依頼者に捜索してもらうよう促したり、公証役場の公正証書遺言検索システムによって公証役場に遺言書を検索してもらうよう手配した方が無難といえます。

また、遺言書が複数存在する場合、前の遺言と後の遺言で抵触する部分については、前の遺言は取り消されたものとみなされます（民1023）。

遺言書が複数ないかどうか、ある場合は日付の先後と内容に抵触するものがないかどうかも確認する必要があります。

(2) 遺言書の種類の確認 ■■■■■■■■■■■■■■■■■■■■■■

遺言書には公正証書遺言、自筆証書遺言、死亡危急時遺言等いくつかの種類があり、それぞれで必要な手続が異なります。遺言書の存在が確認できたときは、次にその遺言書がどの方式で作成されているかを確認する必要があります。

公正証書遺言であれば、特段遺言書そのものについての手続は必要ありませんが、公正証書遺言以外であれば家庭裁判所に遺言書の検認手続申立てが必要です（民1004）。

公正証書遺言以外の遺言書が発見されたときは、家庭裁判所の検認手続をスムーズに行えるよう差配しましょう。

なお、令和2年7月10日施行の法務局による自筆証書遺言の保管制度の運用開始後に作成・法務局によって保管された自筆証書遺言の場合は検認手続が不要であることに留意が必要です（遺言保管11）。

(3) 遺言書の有効性の確認 ■■■■■■■■■■■■■■■■■■■■■

遺言書が公正証書遺言である場合は、遺言の成立・様式等有効性に関わる部分については公証役場の公証人が関与しているため、有効性の部分について司法書士が判断できる部分はありません。

遺言書が公正証書遺言以外の遺言書である場合は、その記載等の様式要件について民法上の定めがあり、当該要件を満たしていない場合は遺言として効力を生じないこととなるため、法律上の要件を満たしているかどうか確認することが必要です。

自筆証書遺言の場合は、遺言者がその全文、日付及び氏名を自書し、押印している

ことが要件となります（民968①）。この要件を明らかに満たさないものであれば、自筆証書遺言として成立していないものとして取り扱わざるを得ません。ただし、平成31年1月13日施行の民法改正により財産目録部分については自書を要件としないように変わっていることに留意が必要です。

遺言書が公正証書遺言以外の遺言書である場合は、その記載等の様式要件について民法上の定めを確認し、存在する遺言の有効性を確認することが肝要です。

【参考書式3】　財産目録を自書しない場合の遺言書

（4）　遺言書の内容の確認 ■■■■■■■■■■■■■■■■■■■■■■■■

遺言書の内容は、相続人間の相続分を指定する内容や、相続人のうちの一部の者に財産を相続させるもの、相続人でない第三者へ財産を遺贈させるもの等事案に応じて様々です。遺言書の内容は被相続人の意思そのものですので、基本的には遺言に記載された内容に従って処理をしていくことになります。

遺言書の内容の主な確認ポイントは下記のとおりです。

① 　遺言書に記載された財産の内容
② 　遺言書に記載された財産の特定につき、手続上問題になる点がないか
③ 　遺言書に記載された当事者の特定につき、手続上問題になる点がないか
④ 　遺言書に記載された財産の帰趨（相続人への承継か、相続人以外の第三者への承継か）
⑤ 　遺言執行者の有無
⑥ 　遺留分侵害の有無
⑦ 　遺言書に記載された財産の対象が相続財産の全てに関してのものか一部に関してのものか

アドバイス

○自筆証書遺言に関する民法改正

　自筆証書遺言に関し、相続法改正による改正前の民法では、遺言者がその全文、日付及び氏名を自書し、印を押すことが必要とされていました（平30法72による改正前民968）。この点につき、平成31年1月13日施行の民法改正により、自筆証書遺言を行う場合、遺言事項と財産目録を分け、遺言事項については従前どおり自書を要件としながら、財産目録については自書を要件としないように変わりました（民968②）。ただし、財産目録をパ

ソコン等で作成する場合は、作成した財産目録の各ページに遺言者が署名捺印をしなければならないとされていることに留意が必要です（民968②）。なお、財産目録の形態には制限がなく、パソコン等で財産一覧表を作成したものでも構いませんし、不動産の登記事項証明書や預貯金の通帳のコピーを添付する方法でも問題ありません。登記事項証明書や通帳のコピーを添付する場合でも、そのコピーに遺言者が署名捺印をする必要があります。また、財産目録を両面で印刷した場合は、その両面に遺言者の署名捺印が必要とされています。

　自筆証書遺言を訂正する場合には、従来と同様、遺言者がその場所を指示し、これを変更した旨を付記して特にこれに署名し、かつ、変更場所に印を押さなければ訂正の効力が生じないこととされていることにも留意が必要です（民968③）。

　さらに、令和2年7月10日施行の「法務局における遺言書の保管等に関する法律」の運用開始後は、法務局に対して遺言書を保管するよう申請することができるようになります。この制度を利用するためには、遺言者本人が法務局に出頭して申請しなければなりません（遺言保管4⑥）。この制度の運用が開始されれば、自分が相続人若しくは受遺者となっている遺言書が法務局に保管されているかどうかを証明した書面（遺言書保管事実証明書）の交付を請求することができるようにもなります（遺言保管10）。さらには、正当な手続を経て保管された遺言書については、家庭裁判所による検認手続も不要なものとされます（遺言保管11）。

　したがって、「法務局における遺言書の保管等に関する法律」の運用開始後に当たっては、遺言書の検索の場面においては本制度を利用すること、遺言書の作成の場面では、本制度の利用を検討すること等本制度の利用を実務に組み込むことが必要になります。

第2章　現状把握 27

【参考書式3】　財産目録を自書しない場合の遺言書

遺　言　書

　遺言者〇〇〇〇（〇年〇月〇日生）は、次のとおり遺言します。

1　私は、別紙財産目録記載の財産を含む私の所有財産の一切を、長男〇〇〇〇（〇年〇月〇日生）に相続させます。

　以上の遺言のため遺言者自らこの証書の全文を書き、日付及び氏名を自書し押印しました。

〇年〇月〇日

　　　　　　　　　　　　　　　　　住　所　〇〇県〇〇市〇〇町1丁目2番3号
　　　　　　　　　　　　　　　　　遺言者　〇〇〇〇　㊞

※遺言書は、全文自書が必要です。

（別紙）

財産目録

1　預貯金
　①　〇〇銀行　〇〇支店　普通
　　　口座番号　〇〇〇〇〇〇〇
　②　〇〇銀行　〇〇支店　普通
　　　口座番号　〇〇〇〇〇〇〇
　③　〇〇銀行　〇〇支店　普通
　　　口座番号　〇〇〇〇〇〇〇

　これは、〇年〇月〇日付の私の遺言の別紙に相違ありません。

〇年〇月〇日

　　　　　　　　　　　　　　　　　住　所　〇〇県〇〇市〇〇町1丁目2番3号
　　　　　　　　　　　　　　　　　氏　名　〇〇〇〇　㊞

※「（別紙）財産目録」は、パソコンで作成して差し支えありません。

4 死因贈与契約の有無と内容の確認

> **(1) 死因贈与契約の有無の確認**
> 　相続登記対象不動産の帰属先に影響する死因贈与契約の有無を確認します。
>
> **(2) 死因贈与契約の内容の確認**
> 　死因贈与契約がある場合は、その内容を確認し、手続方法を検討します。
>
> **(3) 仮登記の有無の確認**
> 　死因贈与契約がある場合、生前に死因贈与契約に基づく仮登記を行うことができます。その後の手続方法を検討するため仮登記の有無を確認します。

(1) 死因贈与契約の有無の確認

　死因贈与とは、贈与者が死亡することによって効力が生じる贈与です（民554）。死因贈与は、契約行為であり、贈与者が生前に受贈者との間で、特定の財産について自らの死亡を契機に効力が生じる贈与契約を締結することによって成立します。

　死因贈与契約が締結されている場合に贈与者が死亡すると、死亡時点で贈与契約の効力が生じ、対象とされている財産の所有権は受贈者に移転することになります。この場合、死因贈与契約の対象となっている財産は、相続人に承継されずに受贈者に移転することになり、相続人は対象不動産については権利を承継するのではなく、受贈者に所有権移転する義務を負うことになります。

　死因贈与契約がなされている場合、その後の遺産分割協議対象財産に影響を与える等、後の手続処理に影響を及ぼすため、受任段階で確認しておくべきです。

(2) 死因贈与契約の内容の確認

　死因贈与契約には遺贈に関する民法上の規定が適用される部分があります（民554）。中でも手続上重要な点としては、遺言の執行に関する規定が準用されることで、遺言執行者と同様死因贈与執行者を指定することができるという点になります。死因贈与執行者が選任されている場合は、手続の当事者が執行者と受贈者となりますので、死

因贈与契約がある場合には死因贈与執行者が選任されているかどうかを確認すること
が重要です。

　死因贈与契約についての主な確認ポイントをまとめると、下記のとおりになります。

①　死因贈与契約の対象となっている財産は何か

②　受贈者は誰か

③　死因贈与執行者は選任されているか

（3）　仮登記の有無の確認 ■■■■■■■■■■■■■■■■■■■■■■■■■

　不動産に関する死因贈与契約が締結された場合、その時点で受贈者の権利保全のた
め、贈与者の死亡を始期とする始期付所有権移転仮登記を行うことができます。

　死因贈与契約の効力が贈与者の死亡によって発生し、手続を行う場合において、上
記仮登記がある場合は仮登記の本登記を行うことになり、仮登記がない場合は単なる
所有権移転登記を行うことになります。

　死因贈与契約がある場合は、早い段階で対象不動産の登記情報を把握し、これから
行う予定の登記が仮登記の本登記なのか、単なる所有権移転登記なのかを確認してお
くことが肝要です。

5　遺産分割協議書の有無と内容の確認

（1）　**遺産分割協議書の有無の確認**

　相続登記対象不動産の帰属先を確認するため、また遺産分割協議書の作
成の要否を検討するため、遺産分割協議書の有無を確認します。

（2）　**遺産分割協議書の有効性の確認**

　遺産分割協議書がある場合、当該遺産分割協議書が有効か否かを確認し
ます。

（3）　**遺産分割協議書の内容の確認**

　遺産分割協議書の内容を確認し、相続登記対象不動産の帰属先や手続上
問題となる表記がないかを確認します。

(1)　遺産分割協議書の有無の確認　■■■■■■■■■■■■■■■■

　遺言書がない場合、被相続人の死亡によりその者が所有する財産は法定相続分に応じて法定相続人全員の共有状態になります（民898～900）。

　遺産分割協議は、上記共有状態を解消するため相続人間の協議において相続財産を分配する行為になります。遺産分割協議が成立すれば、その効力は原則、相続開始の時に遡って生じることになります（民909）。

　受任時に既に遺産分割協議が調っていれば、財産の帰趨については既に固まっているということになりますので、分割協議の内容に従って処理していくことになります。反対に、受任時において遺産分割協議が未了であるならば、これから協議を行う予定であるのか、単に法定相続分に応じて共有にしておくのか、それとも協議が不調に終わったのかによってその後の対応が変わることになります。

　一般的には、遺産分割協議が調っているかどうかは、有効な遺産分割協議書が存在しているかどうかで確認することができます。今後の対応方針を検討するためにも、受任時に遺産分割協議書の有無を確認することが肝要です。

(2)　遺産分割協議書の有効性の確認　■■■■■■■■■■■■■■■■

　遺産分割協議書が存在していても、遺産分割協議書が有効に作成されていなければ、登記の添付情報として使用できないことになるだけでなく、実体の法律関係を証明する書面として不適格ということになります。

　遺産分割協議は相続人全員で行われなければならず、一部の者が参加せずになされた協議は成立しないことと解されています。したがって、遺産分割協議が有効かどうかの確認は、相続人全員参加の下になされたかどうかを確認する必要があるということになります。

　相続人全員参加の下で分割協議がなされたかどうかは、被相続人の出生から死亡までの除籍謄本（除籍全部事項証明書）・改製原戸籍謄本一式と相続人全員の現在戸籍抄本（謄本）（一部（全部）事項証明書）によって相続人を確定した上で、遺産分割協議書に当該相続人全員が署名捺印を行っているかどうかを確認して行います。

(3)　遺産分割協議書の内容の確認　■■■■■■■■■■■■■■■■

　遺言書や死因贈与がない場合で、有効な遺産分割協議が成立している場合は、遺産

分割協議の内容に応じて処理していくことになります。遺産分割協議書の内容での主な確認ポイントは下記のとおりです。

① 被相続人の特定がなされているか（生年月日、最後の住所、本籍地、死亡日等）

② 相続人全員で協議したことが明示されているか

③ 分割協議対象となる相続財産の特定がきちんとなされているか

④ 相続財産の帰趨に関しての記述に不明確な点はないか

⑤ 分割協議の日付の記載があるか

⑥ 相続人全員の署名捺印がなされているか

⑦ 相続人の捺印は実印でなされているか

第 3 章

相続内容の確認

34

第1　登記申請人の相続内容を確認する

1　登記申請人の相続適格・順位を確認する

＜フローチャート～登記申請人の相続適格・順位の確認＞

1 登記申請人が相続人の範囲に入っているかの確認
- (1) 被相続人の子（第1順位）
- (2) 被相続人の直系尊属（第2順位）
- (3) 被相続人の兄弟姉妹（第3順位）
- (4) 被相続人の配偶者
- (5) 代襲相続人

2 登記申請人が相続人であることを証明する書類の収集
- (1) 被相続人の出生から死亡までの全ての戸籍謄本（全部事項証明書）
- (2) 被相続人の最後の住所が分かる住民票の写し若しくは戸籍の附票の写し
- (3) 相続人の現在戸籍抄本（謄本）（一部（全部）事項証明書）

補助者業務のポイント
資格者の指示に従い、職務上請求書を使用して戸籍を収集

3 登記申請人に欠格事由がないかの確認
- (1) 相続欠格事由
- (2) 相続欠格の効果

4 登記申請人に廃除事由がないかの確認
- (1) 推定相続人の廃除
- (2) 廃除の取消し

5 登記申請人に相続の承認（単純承認・限定承認）・放棄をする意思がないかの確認
- (1) 熟慮期間
- (2) 単純承認
- (3) 限定承認
- (4) 相続の放棄

6 相続人の中に行方不明者がいないかの確認
- (1) 行方不明者の捜索
- (2) 不在者財産管理人の選任
- (3) 失踪宣告

1 登記申請人が相続人の範囲に入っているかの確認

> **(1) 被相続人の子（第1順位）**
> 　被相続人の子は第1順位の相続人となります。
> **(2) 被相続人の直系尊属（第2順位）**
> 　第1順位の相続人となるべき者がいない場合に、被相続人の直系尊属が第2順位の相続人となります。
> **(3) 被相続人の兄弟姉妹（第3順位）**
> 　第1順位、第2順位の相続人となるべき者がいない場合に、被相続人の兄弟姉妹が第3順位の相続人となります。
> **(4) 被相続人の配偶者**
> 　被相続人の配偶者は常に相続人となります。
> **(5) 代襲相続人**
> 　被相続人が死亡する以前に相続人が死亡した場合、又は欠格事由に該当するなどにより相続権を喪失した場合は、相続人の子が当該の相続人に代わって相続人となります。

(1) 被相続人の子（第1順位） ■■■■■■■■■■■■■■■■■■

　被相続人の子は、相続人となります（民887①）。

　「子」は嫡出である子か嫡出でない子かを問わず、また実子であるか養子であるかを問いません。

　嫡出である子（嫡出子）とは、夫婦が法律上の婚姻関係（民739①）にある間に妻が懐胎した子をいいます（嫡出の推定（民772））。嫡出子は、当然に父母の相続人となります。

　嫡出でない子（法律上の婚姻関係にない男女の間に生まれた子）は、父親が任意認知（民779）をするか、裁判による認知（民787）を得ることによって初めて父との法律上の親子関係が発生し、父の相続人となることができます。

　嫡出でない子と母との親子関係は、原則として母の認知を待たず分娩の事実から当然に発生するとされているため、嫡出でない子は母の相続人となります（最判昭37・4・27民集16・7・1247）。

第3章　相続内容の確認　37

　子が相続開始以前に死亡したとき、又は相続人の欠格事由（民891）に該当したこと若しくは廃除（民892）によって相続権を失ったときは、その子の子（被相続人の孫）が相続人となります（代襲相続（民887②））。このとき、被相続人の孫も死亡又は相続権を喪失しているときはその孫の子（被相続人の曾孫）が、曾孫も死亡又は相続権を喪失していれば玄孫が、というように、順次下の世代の直系卑属が相続人となります（再代襲（民887③））。

　ア　養　子

　養子は、縁組の日から、養親の嫡出子の身分を取得する（民809）ため、養親の相続人となります。

　普通養子縁組では、実方との親族関係も継続しているため、養親の相続人となるとともに実方の血族の相続人にもなります。

　特別養子は、特別養子縁組により実方の父母及びその血族との親族関係が終了する（民817の9）ので、実方の血族の相続人にはなりません。

　なお、特別養子縁組が離縁により解消すると、実方との親族関係が回復し（民817の11）、再び実方の血族の相続人となる地位に復します。

　養子が普通養子であるか特別養子であるかは、養子本人の戸籍謄本（全部事項証明書）の記載から確認できます。

　普通養子の場合は「父」「母」に加えて「養父」又は「養母」、若しくは養父母両方の氏名欄が設けられ、身分事項に養子縁組をした旨が記載されています。

　一方、特別養子の戸籍謄本（全部事項証明書）には、養父母は「養父」「養母」ではなく「父」「母」と記載され一見実子と同様の記載になっていますが、身分事項に「○年○月○日民法第817条の2による裁判確定」との記載があることから判別できます。

　イ　胎　児

　子が相続開始時に胎児であった場合、相続については、既に生まれたものとみなされ、相続権を有します。ただし、相続開始後に胎児が死体で生まれたときは適用されません（民886）。

　民法は「私権の享有は、出生に始まる。」（民3）と定めており、その原則に従えば胎児は相続権を有し得ないこととなります。しかし、胎児も同じ被相続人の子でありながら相続権がないとすると、既に生まれている子との間に遺産の承継に不均衡が生ずることとなるため、相続における胎児については例外規定を設けたものです。

　民法886条の規定の解釈については、次の2つの見解があります。

①　停止条件説

　この見解は、胎児は権利能力を有しないが、胎児が生きて生まれたときに相続開

始時点に遡って権利能力があったこととし、相続人としての地位を認める、とするものです。

この見解によれば、胎児の状態では権利能力がないため、胎児の母が法定代理人として権利を行使する余地はなく、母が法定代理人として胎児を含めた遺産分割協議をすることもできないことになります。

② 解除条件説

この見解は、胎児は権利能力を有するが、胎児が死体で生まれたときは、相続開始の時点まで遡って権利能力がなかったこととし、相続人としての地位もなかったこととするものです。

この見解によれば、胎児の権利能力を前提として母が法定代理人となり、胎児を含めた遺産分割協議をすることができることになりますが、胎児が死産となった場合はその効力が消滅すると解されます。

以上のように法の解釈が分かれている実情から、先例は、胎児を含めた相続登記を認める一方、胎児の出生前においては相続関係が未確定の状態であるので胎児のために遺産分割その他の処分行為をすることはできないとしています（昭29・6・15民事甲1188）。

登記実務上、胎児のための相続登記をすることができるのは、法定相続分による場合か、遺言による相続分の指定による場合に限られることとなります。

(2) 被相続人の直系尊属（第2順位） ■■■■■■■■■■■■■■

第1順位の相続人となるべき者がない場合、被相続人の直系尊属が相続人となります（民889①一）。民法上、直系尊属には、被相続人の父母、祖父母、曾祖父母、高祖父母、五世の祖、六世の祖までが含まれます（民725一参照）。

被相続人が普通養子縁組による普通養子である場合は、実父母、養父母が共に同順位で相続人となります。特別養子の場合は、実方との親族関係は特別養子縁組によって終了しているため（民817の9）、実方の直系尊属は相続人になりません（ただし、民法817条の9ただし書の場合を除きます。）。

(3) 被相続人の兄弟姉妹（第3順位） ■■■■■■■■■■■■■■

第1順位、第2順位の相続人となるべき者がいずれもない場合、被相続人の兄弟姉妹が相続人となります（民889①二）。

被相続人と父母の双方を同じくする兄弟姉妹（全血の兄弟姉妹）、父母のいずれか一

方のみを同じくする兄弟姉妹（半血の兄弟姉妹）は、いずれも相続人となります（ただし、法定相続分は異なります（民900四）。）。

また、養子同士、養子と実子も、実子同士の兄弟姉妹と同様に兄弟姉妹として相続人になります。

相続人となるべき兄弟姉妹が被相続人の相続開始以前に死亡したとき、又は相続人の欠格事由に該当したことによって相続権を失ったときは、その兄弟姉妹の子（被相続人の甥姪）が代襲相続人となりますが、再代襲は認められていません（民889②）。

(4) 被相続人の配偶者 ■■■■■■■■■■■■■■■■■■■■■■■■■

被相続人の配偶者は、常に相続人となります（民890）。

第1順位〜第3順位のいずれかの相続人がある場合は、それと同順位の相続人となります。

「配偶者」とは、民法739条1項に定める婚姻の届出をした者をいい、内縁は含まないとされています（仙台家審昭30・5・18家月7・7・41）。

(5) 代襲相続人 ■■■■■■■■■■■■■■■■■■■■■■■■■■■■■

被相続人が死亡する以前に相続人（被代襲者）が死亡した場合、又は欠格事由に該当するなどにより相続権を喪失した場合は、相続人の子（代襲者）が当該の相続人に代わって相続人となります。

代襲相続が認められるのは相続人が子又は兄弟姉妹である場合であり、直系尊属、配偶者の代襲相続は認められていません。

ア　子の代襲相続

（ア）　代襲相続の要件

子の代襲相続が認められるためには、以下の要件を満たす必要があります（民887②）。

①　被代襲者が、被相続人の子であること

②　代襲原因があること

㋐　被相続人の子が、相続の開始以前に死亡したとき

　被相続人の子が失踪宣告（民30）を受けた場合、同時死亡した場合も該当します。

㋑　被相続人の子が、相続人の欠格事由（民891）に該当し、又は廃除（民892）によって相続権を失ったとき

　欠格事由の発生、廃除については、それが相続開始後であっても、その効力は相続開始時に遡るため、代襲原因となります。

相続放棄（民939）は、代襲原因にはなりません。

③　代襲者が、被代襲者の子であり、被相続人の直系卑属であること

　　被相続人Ａと被代襲者Ｂが養子縁組による養親子関係であるとき、被代襲者の子Ｃの出生がＡ、Ｂの養子縁組より後であるときは、ＣはＡの直系卑属に該当し、代襲相続人になることができます。

　　これに対し、Ｃの出生が養子縁組より前であるときは、ＣはＡの直系卑属に該当しないため、代襲相続人にはなりません。ただし、ＢがＡの実子Ｄの配偶者、ＣがＢ、Ｄの間の子である場合、ＣはＡの直系卑属であるため、Ａ、Ｂの養子縁組前に出生していても代襲相続人になり得ます。

④　代襲者が、被相続人に対して相続権を失っていないこと

　　代襲者となるべき者が、被相続人に対して相続欠格事由に該当し、又は廃除されている場合は、代襲相続人になることができません。

⑤　被相続人の相続開始の時点で、代襲者となるべき者が生存していること

　　代襲者となるべき者は、代襲原因が生じた時点で生まれている必要はなく、被相続人の相続開始の時点で生まれているか胎児の状態であれば代襲相続人となることができます。ただし、胎児が死体で生まれたときは代襲相続は生じないことになります。

　（イ）　再代襲

　被相続人の相続開始以前に子が死亡し、代襲者となるはずであった孫も死亡したとすると、曾孫がいる場合は曾孫が代襲者をさらに代襲して被相続人を相続することになります。このように、被代襲者、代襲者に共に代襲原因が生じたためにさらに下の世代の直系卑属が代襲することを再代襲といい、直系卑属が存在する限り理論上は無制限に代襲を重ねていくことになります（民887③）。

イ　兄弟姉妹の代襲相続

　被相続人Ａの相続人となるべき者が兄弟姉妹Ｂである場合に、Ｂに代襲原因が生じているときは、Ｂに子があれば、その子（Ｃ）がＢを代襲して相続人となります。

　なお、子の代襲相続との相違点は以下のとおりになります。

　兄弟姉妹には遺留分がなく（民1042）、廃除されることがない（民892）ため、兄弟姉妹の代襲相続においては、廃除は代襲原因になりません。

　代襲者は、被相続人の傍系卑属（被相続人の甥姪）に該当するものである必要があります。

　兄弟姉妹の代襲相続は、兄弟姉妹の子（被相続人の甥姪）に限られており、再代襲は認められていません（民889②）。

第3章　相続内容の確認　　41

アドバイス

○被相続人と相続人の同時死亡の推定

　　民法32条の2は「数人の者が死亡した場合において、そのうちの1人が他の者の死亡後になお生存していたことが明らかでないときは、これらの者は、同時に死亡したものと推定する。」と規定しています。同時死亡とされた者相互間には相続関係は生じないため、被相続人と相続人が同時死亡とされた場合、以下の例のようになります。

　　Aとその子Cが同乗した自動車が交通事故に遭い、A、Cともに死亡したが、いずれが先に死亡したかは不明である場合、反証がない限りA、Cは同時に死亡したものとされます。その結果、被相続人AとCの間に相続は発生せず、Cはないものとして相続人が定まります。

　　AにはCのほかに子がなく、Cも子がない場合、Aの妻B、Aの父Dが存命であるとすると、Aの相続開始時点で子がないことになるため、配偶者Bと直系尊属Dが相続人となります。

　　上記の例でCに子Eがある場合は、Aの相続開始以前に被代襲者Cが死亡したことになるので、Aの孫であるEが代襲相続人となり、相続人は配偶者Bと孫Eとなります（昭37・6・15民事甲1606）。

○身分併有相続人

　　1人の人物が、相続人となるべき地位を複数併せ持つときに、それぞれの地位の相続分を併せて取得できるか否か、という問題があります。先例には、複数の相続分の取得を認めるものと認めないものがあります。

①　認める事例

　　Aが、子Bの子であるC（Aの孫）と養子縁組をした後、Bが死亡し、その後Aが死亡した場合は、被相続人Aの相続について、Cは㋐Aの養子としての相続分㋑Bの代襲相続人としての相続分の両方を取得する（昭26・9・18民事甲1881）。

②　認めない事例

　　Aの実子BとAの養子Cが婚姻した後、Aが死亡し、その後Bが死亡した場合で、B、Cの間に直系卑属はいない場合は、被相続人Bの相続について、Cは㋐Bの配偶者㋑Bの兄弟姉妹の2つの相続人の地位を併せ持つが、配偶者としての相続分の取得のみが認められ、重ねて兄弟姉妹としての相続分を取得することは認められない（昭23・8・9民事甲2371）。

○数次相続

　　被相続人の死亡により相続（一次相続）が開始した後、遺産分割協議が未了のうちに相続人が死亡し相続人についての相続（二次相続）が開始することを、数次相続といいます。

Aの相続人が配偶者BとAの子C（配偶者D、子Eがある）の場合に、Aの死亡後遺産分割協議がなされない間にCが死亡すると、Aの相続についてはBと、Cを相続したD、Eが、Cの相続についてはD、Eが遺産分割協議をすることになります。代襲相続と数次相続では、被相続人と相続人の死亡の先後関係が異なります。

　代襲相続は被相続人よりも先に相続人が死亡している場合であるのに対し、数次相続は被相続人が死亡した後に相続人が死亡した場合に生じる相続関係を指します。

　数次相続では、死亡した相続人が有していた一次相続の相続人としての地位を二次相続の相続人が承継するため、上記の例のDはAの遺産分割協議の当事者になります。それに対し、CがAより先に死亡しEが代襲相続人となった場合は、Aの遺産分割協議の当事者はBとEのみとなり、DはAの相続については無関係となります。

2　登記申請人が相続人であることを証明する書類の収集

（1）　被相続人の出生から死亡までの全ての戸籍謄本（全部事項証明書）

　被相続人の相続関係を判別するため、当人の出生から死亡までの戸籍謄本（全部事項証明書）を調査します。

（2）　被相続人の最後の住所が分かる住民票の写し若しくは戸籍の附票の写し

　登記記録上の被相続人と戸籍上の被相続人の同一性を証明するため、被相続人の登記記録上の住所から最後の住所までの住所の沿革が記載されたものを取得します。

（3）　相続人の現在戸籍抄本（謄本）（一部（全部）事項証明書）

　相続人が生存していることを証明するため、相続人の現在戸籍抄本（謄本）（一部（全部）事項証明書）を取得します。

（1）　被相続人の出生から死亡までの全ての戸籍謄本（全部事項証明書）■■■■■■■■■■■■■■■■■■■■■■■■■■■■

被相続人の相続人を洗い出すために、被相続人の生まれた時から亡くなるまでの一

生の履歴が付くよう収集します。戸籍の種類には3種類あり、①戸籍謄本（全部事項証明書）、②除籍謄本（除籍全部事項証明書）、③改製原戸籍謄本があります。

戸籍謄本（全部事項証明書）とは今現在のもので、除籍謄本（除籍全部事項証明書）とはもともとは戸籍謄本（全部事項証明書）であったが、本籍地を変更した場合、又は全員亡くなった場合等、その名のとおり戸籍内の人が全員除かれた場合に戸籍謄本（全部事項証明書）から名称が変更になったものになります。また、改製原戸籍謄本とは除籍謄本（除籍全部事項証明書）と同じく、もともとは戸籍謄本（全部事項証明書）であったものが、戸籍法の改正によってその都度様式が改製され、新しくなり、その改製後の古くなったものが改製原戸籍謄本になります。

各々本籍地の役所にて取得することができます。

(2)　被相続人の最後の住所が分かる住民票の写し若しくは戸籍の附票の写し ■■■■■■■■■■■■■■■■■■■■■■■■■■■■■■

登記記録上の被相続人と戸籍上の被相続人の同一性を証明するため、被相続人の登記記録上の住所から最後の住所までの住所の沿革が記載されたものを取得します。

被相続人の死亡時の住所が分かる書類が必要となり、これは住民票の写しや戸籍の附票の写しで証明することができます。戸籍謄本（全部事項証明書）同様住民票にも住民票の除票というものがあり、住所地を変更した場合や死亡した場合等、その住所地から除かれた場合に除票になります。除票には転出した場合は転出先の住所と異動年月日が記載され、死亡の場合には死亡年月日が記載されます。住民票の写し及び除票の写しは住所地のある役所で取得できます。

戸籍の附票の写しも住民票の写しと同じく住所地の記載があるものですが、住民票の写しとの違いは住所地でなく本籍地のある役所で取得することです。

また、被相続人の死亡時の住民票の除票の住所と不動産登記事項証明書上の住所が異なる場合は、注意が必要になります。

住民票の除票は転出や死亡してから5年、戸籍の附票も除籍から5年が保存期間のため、その期間が過ぎてしまうと交付ができなくなるおそれがあります。

住民票の除票、戸籍の附票の写しを取得できても不動産登記事項証明書上の住所が異なる場合（履歴が付かない場合）、並びに廃棄されて取得できない場合は、被相続人名義の登記済権利証（登記識別情報通知）をこれらに代わる書類とし提出することで、相続登記を申請することができるようになりました（平29・3・23民二174）。

ただし、住所に関する証明書も取得できない、かつ登記済権利証（登記識別情報通知）も紛失してしまって提出できない場合には、不在住、不在籍証明書や上申書、固

定資産評価証明書等の書類を別途用意しなければならなくなりますので、その際は事前に法務局に相談することをお勧めします。

（3）　相続人の現在戸籍抄本（謄本）（一部（全部）事項証明書）　■■■

　特定された相続人が生存しているか確認するために相続人の現在戸籍抄本（謄本）（一部（全部）事項証明書）が必要になります。

アドバイス

〇戸籍等の確認方法

　戸籍には〇年〇月〇日改製、〇年〇月〇日削除といったように、その戸籍に入った（ができた）入口と戸籍を出た出口の記載があります。

　戸籍を取得していく中で、まずその戸籍の入口と出口を把握しその戸籍自体が何年から何年までの間に作成されたものか、また、調べたい方は何年から何年までその戸籍に入籍しているのかを把握していくと、多くの戸籍を取得しても戸籍間のつながりがとれ、把握しやすいでしょう。

補助者業務のポイント

〇戸籍収集を開始するまでの資格者との打合せ

　被相続人の相続開始日、相続関係によって相続登記に必要な戸籍は変わってきます。被相続人の相続開始日によって適用される法律も旧民法、応急措置法、現行民法と変わり、それによって相続人となる者が変わってくることになります。誰が相続人となるのか、相続登記に必要な戸籍の範囲は資格者が判断するとはいえ、補助者も周辺知識を備えているか否かによって戸籍収集の確実性、迅速性に影響するものです。したがって、補助者も適用法、各法律下での相続人の範囲、それに伴って必要な戸籍の範囲についての知識はあらかじめ備えておくべきです。自ら判断できるぐらいの知識を備えた上で、資格者との打合せを行えるようにしておきましょう。

〇戸籍収集後の資格者の確認

　戸籍収集がひととおり終了し、資格者の確認を受ける段階では、単に収集した戸籍を提出するのではなく、相続関係説明図をも作成した上で併せて提出することで、資格者は確認を行いやすくなります。その後のチェック等がスムーズに行えるよう差配しましょう。

第3章　相続内容の確認　　45

3　登記申請人に欠格事由がないかの確認

（1）　相続欠格事由
　相続人となるべき者が一定の事由に該当するときは相続人となる資格を失うことになります。
（2）　相続欠格の効果
　相続人となるべき者に欠格事由が生じると、その者は何らの手続を経ることなく当然に相続人となる資格を失うことになります。

（1）　相続欠格事由 ■■■■■■■■■■■■■■■■■■■■■■■■■■

　相続人となるべき者が次の事由に該当するときは、相続人となる資格を失います。これを相続欠格といいます。
① 故意に被相続人又は相続について先順位若しくは同順位にある者を死亡するに至らせ、又は至らせようとしたために、刑に処せられた者（民891一）
　「故意」が要件であるので、過失致死（刑210）、傷害致死（刑205）は該当しません（大判大11・9・25民集1・534）。
　正当防衛や責任無能力のため刑に処せられなかった者は欠格者には当たりません。また、刑の言渡しに執行猶予が付され、執行猶予が取り消されることなく猶予期間が経過した場合は、刑の言渡しは効力を失う（刑27）ため、欠格事由にならないとするのが通説です。
② 被相続人が殺害されたことを知って、これを告発せず、又は告訴しなかった者（民891二）
　ただし、その者に是非の弁別がないとき、又は殺害者が自己の配偶者若しくは直系血族であったときは、この限りではありません。
　殺害された事実が既に捜査機関に発覚した後でそれを知った者は、自ら告訴・告発をしなくても欠格事由には該当しません（大判昭7・11・4法学2・829）。
③ 詐欺又は強迫によって、被相続人が相続に関する遺言をし、撤回し、取り消し、又は変更することを妨げた者（民891三）
④ 詐欺又は強迫によって、被相続人に相続に関する遺言をさせ、撤回させ、取り消させ、又は変更させた者（民891四）

⑤　相続に関する被相続人の遺言書を偽造し、変造し、破棄し、又は隠匿した者（民891五）

　上記③～⑤は「相続に関する」事項についての遺言が対象であり、それ以外の事項についての遺言は対象になりません。

　上記③～⑤の行為が欠格事由となるためには、当該行為についての故意のほか相続に関して不当な利益を得る動機・目的（二重の故意）が必要とされています（最判平9・1・28民集51・1・184）。

(2)　相続欠格の効果 ■■■■■■■■■■■■■■■■■■■■■■■■■■■■■■■

　相続人となるべき者に欠格事由が生じると、その者は何らの手続を経ることなく当然に相続人となる資格を失います（昭3・1・18民83）。また受遺者となる資格も失います（民965）。

　欠格事由が相続開始の後に生じた場合は、欠格の効力は相続開始時に遡及します（大判大3・12・1民録20・1091）。遺産分割協議がなされた後で相続人の1人に欠格事由が生じた場合、欠格者の相続は相続開始時に遡って無効となるため、欠格者が加わってなされた遺産分割協議も無効となります。

　相続欠格の効果は、相対効とされ、該当する被相続人の相続についてのみ生じます。例えば、父の遺言書を変造した子は父を相続できませんが、母や自身の子の相続人となる資格は失いません。

　相続欠格者に子がある場合は、子が代襲して相続人となります（民887②・889②）。「相続欠格者が子」の場合は、代襲相続人が相続開始以前に死亡し、又は欠格若しくは廃除により代襲相続権を失った場合は、更にその子が代襲（再代襲）して相続人となります（民887③）。

4　登記申請人に廃除事由がないかの確認

(1)　推定相続人の廃除
　遺留分を有する推定相続人が一定の非行行為を行った場合に、被相続人となる者から当該推定相続人を相続から廃除することを家庭裁判所に請求

第3章　相続内容の確認　　47

することができます。被相続人が遺言で廃除の意思表示をしたときは、遺言執行者が請求します。

(2)　廃除の取消し

　廃除を行った被相続人となる者は、いつでも、推定相続人の廃除の取消しを家庭裁判所に請求することができます。

(1)　推定相続人の廃除 ■■■■■■■■■■■■■■■■■■■■■■■

ア　意　義

　遺留分を有する推定相続人が被相続人に対して虐待をし、若しくはこれに重大な侮辱を加えたとき、又は推定相続人にその他の著しい非行があったときは、被相続人は、その推定相続人の廃除を家庭裁判所に請求することができます（民892）。

　相続欠格が一定の事由が生じれば当然に推定相続人の相続資格を失わせるのに対し、廃除は被相続人の意思に基づいて推定相続人の相続資格を剥奪する制度です。

　廃除の対象となる推定相続人は、「遺留分を有する推定相続人」とされており、遺留分を有さない推定相続人、すなわち兄弟姉妹は含まれません。遺言により兄弟姉妹の相続分を「0」とするか、兄弟姉妹以外へ贈与又は遺贈すれば目的が達せられることから、廃除の対象とする必要がないためです。

イ　手　続

　被相続人は、家庭裁判所に推定相続人の廃除を求める審判の申立てを請求することができます（家事188）。

　被相続人が遺言で推定相続人を廃除する意思を表示したときは、遺言執行者は、その遺言が効力を生じた後、遅滞なく、その推定相続人の廃除を家庭裁判所に請求しなければなりません（民893）。

　廃除された推定相続人は、廃除の審判に対して即時抗告をすることができます（家事188⑤一）。廃除の申立てが却下された場合、申立人は却下の審判に対して即時抗告をすることができます（家事188⑤二）。

　廃除を認める審判が確定したときは、廃除の請求をした者は、確定した日から10日以内に、被廃除者の本籍地に審判の謄本を添付して、その旨を届け出なければなりません（戸籍97・63①）。この届出を受けると、被廃除者の戸籍の身分事項欄に推定相続人廃除に関する事項が記録されます（戸籍13八、戸籍規35八）。

ウ 効 果

家庭裁判所で廃除の審判が確定すると、直ちにその効力が生じます。遺言による廃除の場合は、相続開始時点に遡及して効力を生じることになります。

廃除の効果は相続欠格の場合と同様に相対効とされ、廃除者たる被相続人の相続についてのみ生じます。一方、相続欠格者は受遺者になることができない（民965）のに対し、被廃除者が受遺者になることは禁止されていません。

被廃除者に子がある場合は、子が代襲して相続人となります。代襲相続人が相続開始以前に死亡し、又は欠格若しくは廃除により代襲相続権を失った場合は、更にその子が代襲（再代襲）して相続人となります（民887③）。

(2) 廃除の取消し ■■■■■■■■■■■■■■■■■■■■■■■■■■■

ア 手 続

廃除者たる被相続人は、いつでも、推定相続人の廃除の取消しを家庭裁判所に請求することができます（民894①）。廃除の原因が消滅しているか否かに関わらず、廃除者の意思により取り消すことができます。

また、遺言によって取り消すこともでき、遺言執行者は、その遺言が効力を生じた後、遅滞なく、廃除の取消しを家庭裁判所に請求しなければなりません（民894②・893）。

廃除の取消しは被相続人（遺言による場合は遺言執行者）による請求のみ認められており、被廃除者からの請求は認められません。

廃除の取消しの申立てが却下された場合、申立人は却下の審判に対して即時抗告をすることができます（家事188⑤二）。

廃除の取消しの審判が確定したときは、取消しの請求をした者は、確定した日から10日以内に、廃除を取り消された者の本籍地に審判の謄本を添付して、その旨を届け出なければなりません（戸籍97・63①）。

イ 効 果

廃除の取消しの審判が確定すると、被廃除者はその時から推定相続人の地位を回復します。遺言による廃除の取消しの場合は、相続開始時点に遡及して効力を生じ、被廃除者は相続開始時点から相続人の地位にあったことになります。

廃除の取消しを認める旨の審判が相続開始後に確定したが、審判確定前に被廃除者を除いた相続人全員による遺産分割協議が成立していた場合、被廃除者は相続開始時に遡って相続人の地位を回復するため、遺産分割協議は相続人の一部を欠いてなされたこととなり、無効になります。

第3章　相続内容の確認　　49

$$\boxed{\text{ケーススタディ}}$$

$\boxed{\text{Q}}$　被廃除者から相続財産の譲渡を受けて登記を経た場合、他の相続人に対抗できるのでしょうか。

$\boxed{\text{A}}$　被相続人が遺言で相続人のうちの1人であるＡを廃除する意思表示をしていたとき、相続開始後にＡが相続財産に属する不動産をＢに譲渡して登記を経由したとしても、その後廃除の審判が確定すればＡは相続開始時に遡って相続人としての地位を失うため、Ａは当初から無権利者であったことになります。無権利者であるＡから不動産の譲渡を受けたＢもまた無権利者であり、民法177条の第三者に該当しないので、他の相続人に不動産の取得を対抗できません（大判昭2・4・22民集6・260）。

$\boxed{5}$ ## 登記申請人に相続の承認（単純承認・限定承認）・放棄をする意思がないかの確認

(1)　熟慮期間

　相続人は、自己のために相続の開始があったことを知った時から3か月以内に、相続について、単純若しくは限定の承認又は放棄をしなければなりません。

(2)　単純承認

　相続人が単純承認をしたときは、無限に被相続人の権利義務を承継します。

(3)　限定承認

　限定承認とは、相続人が、相続によって得た財産の限度においてのみ被相続人の債務及び遺贈を弁済すべきことを留保して、相続の承認をするものです。

(4)　相続の放棄

　相続の放棄とは、相続人が自己のために生じた相続の効力を拒否する意思表示のことをいい、相続の放棄をした者は、その相続に関しては、初め

から相続人とならなかったものとみなされます。

　相続人は、相続開始の時から、被相続人の一身に専属したものを除き、被相続人の財産に属した一切の権利義務を承継します（民896）。相続人は、被相続人の財産のみならず債務の一切も承継することとなります。そこで、相続人には権利義務を承継するか否かの選択権が認められており、単純承認をするか、限定承認若しくは相続放棄の申述をすることとされています。

（1）　熟慮期間 ■■■■■■■■■■■■■■■■■■■■■■■■■■■■■■■

　相続人は、自己のために相続の開始があったことを知った時から3か月以内に、相続について、単純若しくは限定の承認又は放棄をしなければなりません（民915①本文）。

　ア　「自己のために相続の開始があったことを知った時」の意義

　「自己のために相続の開始があったことを知った時」とは、被相続人が死亡した事実及び自己が相続人であることを相続人が知った時のこととされ（大決大15・8・3民集5・679）、その時が熟慮期間の起算点となりますが、当該期間内に限定承認又は相続放棄の申述をしなかった相続人が被相続人に相続財産が全くないと信じ、かつそう信じたことに相当の理由があると認められる場合は、相続人が相続財産の全部又は一部の存在を認識した時又は通常これを認識し得るであろう時から起算することができます（最判昭59・4・27民集38・6・698）。

　イ　相続人が複数いる場合

　相続人が複数いる場合は、熟慮期間は相続人ごとに個別に進行します。すなわち、各相続人が自己のために相続が開始した事実を知ったそれぞれの時点が各相続人の熟慮期間の起算点となり、別々に期間が進行していくことになります（最判昭51・7・1家月29・2・91）。

　ウ　再転相続の場合

　被相続人Aが死亡し、相続人Bが相続の承認又は放棄をしないで死亡したときは、Bの承認・放棄の権利はBの相続人Cに承継されます。これを再転相続と呼びます。この場合のCの熟慮期間は、Cが自己のために相続の開始があったことを知った時（Bからの相続により、Bが承認又は放棄をしなかった相続における相続人としての地位を、自己が承継した事実を知った時（最判令元・8・9（平30（受）1626）裁判所ウェブサイト））から起算します（民916）。

　エ　相続人が制限行為能力者である場合

　相続人が制限行為能力者、すなわち未成年者、成年被後見人、被保佐人及び民法17

第3章　相続内容の確認　　51

条1項の審判を受けた被補助人である場合、未成年者又は成年被後見人については、熟慮期間は、その法定代理人が未成年者又は成年被後見人のために相続の開始があったことを知った時から起算します（民917）。

一方、相続人が被保佐人、相続の承認若しくは放棄をするについて補助人の同意を要する旨の審判があった被補助人の場合は、保佐人、補助人の同意を得て自ら承認若しくは放棄をすることができる（民13①六・17①）ため、民法917条は適用されず、本人が自己のために相続が開始した事実を知った時から起算されることになります。

オ　期間の伸長

相続財産や相続人の状況により、相続財産の調査・確定に3か月以上の日数を要する事情がある場合、熟慮期間は、利害関係人又は検察官の請求によって、家庭裁判所において伸長することができます（民915①ただし書）。

熟慮期間の伸長の申立ては、相続が開始した地を管轄する家庭裁判所に、3か月の熟慮期間内にする必要があります。相続人が複数いる場合は、熟慮期間は相続人ごとに進行するため、伸長の申立ても相続人ごとにする必要があります。

熟慮期間伸長の申立てをすることができる利害関係人とは、相続の承認又は放棄によって相続関係が確定することについて法律上の利害関係を有する者をいいます。相続人、相続債権者、相続人の債権者、受遺者、次順位の相続人等が該当します。

(2)　単純承認　■■■■■■■■■■■■■■■■■■■■■■■■■■■■■■■■■

ア　効　力

相続人が単純承認をしたときは、無限に被相続人の権利義務を承継します（民920）。

単純承認は相続人の意思表示によるほか、民法921条に定める場合に該当したときは、単純承認をしたものとみなされます（法定単純承認）。

イ　法定単純承認

① 　相続財産の処分

相続人が相続財産の全部又は一部を処分したときは、法定単純承認をしたものとみなされます（民921一本文）。「処分」に該当する行為は、売却、贈与等の法律上の処分のほか、廃棄する等の事実上の処分も含まれます。

ただし、保存行為、短期賃貸借（民602）は除かれます（民921一ただし書）。

また、処分行為が法定単純承認に該当するためには、「相続人が自己のために相続が開始した事実を知りながら相続財産を処分したか、または、少なくとも相続人が被相続人の死亡した事実を確実に予想しながらあえてその処分をしたことを要する」とされています（最判昭42・4・27民集21・3・741）。

処分に該当する行為の例	処分に該当しない行為の例
・預貯金の解約 ・遺産分割協議 ・相続債権の取立て（最判昭37・6・21裁判集民61・305） ・株主権の行使（東京地判平10・4・24判タ987・233） ・被相続人所有のマンションの賃料振込先を相続人名義の口座に変更する行為（前掲東京地判平10・4・24） ・賃借権確認訴訟の提起（東京高判平元・3・27高民42・1・74）	・相続財産である家屋の修繕（保存行為） ・相続債権の時効中断（保存行為） ・短期賃貸借 ・金銭的価値の乏しい物の形見分け ・被相続人の葬儀費用を相当な範囲で相続財産から支出する行為（東京控判昭11・9・21新聞4059・13、大阪高決平14・7・3家月55・1・82）

② 熟慮期間の経過

　相続人が民法915条1項の期間（熟慮期間）内に限定承認又は相続の放棄をしなかったときは、単純承認をしたものとみなされます（民921二）。

③ 背信行為

　相続人が、限定承認又は相続の放棄をした後であっても、相続財産の全部若しくは一部を隠匿し、私にこれを消費し、又は悪意でこれを相続財産の目録中に記載しなかったときは、単純承認をしたものとみなされます（民921三本文）。

　「隠匿」とは、故意に相続財産の存在が容易に分からないようにすること、「私に消費」するとは、相続財産を処分するなどして相続財産を消耗することをいいます。「悪意で」「相続財産の目録中に記載しない」とは、相続人が限定承認の申述をするに当たり作成する財産目録に、相続債権者を害する意思をもって相続財産の一部を記載しないことを意味します。

　Aが相続放棄したことにより相続人となった次順位者Bが単純承認又は限定承認をした後、Aが背信行為をした場合は、Aが単純承認をしたとみなされることはなく相続放棄は有効となり、Bの単純承認又は限定承認も有効とされます（民921三ただし書）。

(3) 限定承認 ■■■■■■■■■■■■■■■■■■■■■■■■■■■■■■■

ア 意義

限定承認とは、相続人が、相続によって得た財産の限度においてのみ被相続人の債

務及び遺贈を弁済すべきことを留保して、相続の承認をするものです（民922）。

被相続人の積極財産と債務・遺贈のどちらが上回るか、熟慮期間内に確定することが難しい場合に有効な制度です。

限定承認をすると、相続人は積極財産、債務・遺贈のいずれも承継しますが、債務・遺贈に対する責任は積極財産で弁済し得る範囲に限定して負うことになります。

相続人が限定承認した被相続人の積極財産が3,000万円、債務が4,000万円であった場合、債権者は4,000万円全額を相続人に請求することはできますが、強制執行が許されるのは積極財産の3,000万円が限度となります。

イ　方　式

相続人は、限定承認をしようとするときは、熟慮期間内に、相続財産の目録を作成して家庭裁判所に提出し、限定承認をする旨を申述しなければなりません（民924）。

相続人が数人あるときは、限定承認は、共同相続人の全員が共同してのみすることができます（民923）。

熟慮期間の満了時期が共同相続人間で異なる場合は、最後に相続開始を知った相続人が基準となり、その相続人の熟慮期間満了時までは、既に熟慮期間が満了した相続人を含め共同相続人全員で限定承認をすることができます。

共同相続人のうちに相続の放棄をした者がある場合、放棄をした相続人は初めから相続人とならなかったものとみなされる（民939）ため、放棄した相続人以外の相続人全員で限定承認をすることになります。

ウ　清算手続

限定承認をした者又は家庭裁判所が選任した相続財産管理人は、限定承認をした後一定の期間内（限定承認者は申述受理後5日以内、相続財産管理人は選任後10日以内）に、全ての相続債権者及び受遺者に対して、限定承認をしたこと及び一定の期間（2か月以上）内にその請求の申出をすべき旨を官報で公告し、知れている相続債権者及び受遺者には、各別にその申出の催告をしなければなりません（民927・936）。

限定承認者は、公告期間の満了前には、相続債権者及び受遺者に対して弁済を拒むことができます（民928）。

申出期間が満了すると、限定承認者は、相続財産をもって、その期間内に申出をした相続債権者その他知れている相続債権者に、それぞれその債権額の割合に応じて弁済をしなければなりません。

弁済の優先順位は、まず優先権のある債権者（抵当権者、先取特権者、質権者）、次に申出をした相続債権者その他知れている相続債権者、最後に受遺者となります（民929・930）。

弁済後、残余財産がある場合は、限定承認者が承継することになります。

（4） 相続の放棄 ■■■■■■■■■■■■■■■■■■■■■■■■■■■■■■■

ア　意　義

相続の放棄とは、相続人が自己のために生じた相続の効力を拒否する意思表示のことをいい、相続の放棄をした者は、その相続に関しては、初めから相続人とならなかったものとみなされます（民939）。被相続人の債務が積極財産を上回る場合に、相続人がその意に反して債務を負わされるのを回避するために認められた制度です。

限定承認が共同相続人の全員が共同してしなければならないのに対し、相続の放棄は共同相続人のうちの1人からでもすることができます。

相続の放棄は、自己のために開始した相続について認められるのであり、被相続人の生前に、あらかじめ相続の放棄をすることはできません。被相続人が存命のうちはそもそも相続が開始しておらず、民法に相続開始前の相続の放棄を認める規定もないためです。また、遺言で相続の放棄を禁止することもできません。

イ　方　式

相続の放棄は、放棄をしようとする相続人が、熟慮期間内にその旨を家庭裁判所に申述してしなければなりません（民938）。

申述は、相続が開始した地、すなわち被相続人の住所（民883）を管轄する家庭裁判所に相続放棄申述書を提出して行います。

放棄をしようとする相続人が未成年者の場合は、本人に代わり法定代理人（親権者又は未成年後見人）が相続の放棄をすることになります。

ウ　効　果

相続の放棄をした者は、その相続に関しては、初めから相続人とならなかったものとみなされます（民939）。相続の放棄をした相続人は、相続開始時に遡って相続開始がなかったと同じ地位に立つことになります。その効力は絶対的なものとされ、登記等の有無を問わず、何人に対してもその効力を生じます（最判昭42・1・20民集21・1・16）。

相続の放棄は、代襲原因になりません（民887）。相続人Aの代襲相続人となるべき者Bがあっても、相続人Aが相続の放棄をした場合はBの代襲相続は認められません。

$$\boxed{\text{ケーススタディ}}$$

Q 被相続人の債権者から相続財産の分離を請求された場合、どのように対応すればよいのでしょうか。

第3章　相続内容の確認　　　55

A　被相続人の債権者（相続債権者）又は受遺者は、相続人が承継した相続財産から弁済を受けることになりますが、相続人の固有財産が債務超過である場合には、相続財産と固有財産が混合してしまうと相続人の債権者と競合することとなり、相続債権者又は受遺者にとって不利益となります。

　そこで、相続債権者又は受遺者は、相続人の財産の中から相続財産を分離することを家庭裁判所に請求することができます（民941）。

① 財産分離の効果

　家庭裁判所の財産分離を命ずる審判が確定すると、財産分離の請求をした者及び配当加入の申出をした者は、相続人の債権者に優先して相続財産から弁済を受けることができます（民942）。相続財産から全部の弁済を受けることができなかった場合に限り、相続人の固有財産についてその権利を行使することができますが、相続人の債権者には劣後することになります（民948）。

② 財産分離の請求に対する相続人の対応

　㋐ 相続財産の管理

　相続人は、単純承認をした後でも、財産分離の請求があったときは、以後、その固有財産におけるのと同一の注意をもって、相続財産の管理をしなければなりません。ただし、家庭裁判所が相続財産の管理人を選任したときは、この限りではありません（民944）。

　㋑ 相続債権者などへの弁済

　財産分離を請求した相続債権者、受遺者、配当加入の申出をした者が公平に相続財産から弁済を受けられるよう、限定承認と同趣旨の規定が置かれています（民947）。

　㋒ 財産分離の阻止

　不本意な財産分離の請求に対しては、相続人がそれを阻止する手立てが認められています。相続人の固有財産をもって相続債権者若しくは受遺者に弁済をするか、相当の担保を供することにより財産分離の請求を防止し、又はその効力を消滅させることができます（民949）。

　㋓ 財産分離を請求された場合の限定承認・相続放棄の可否

　財産分離の申立てが行われた場合でも、限定承認や相続放棄をすることは可能とされています。

6 相続人の中に行方不明者がいないかの確認

> (1) 行方不明者の捜索
>
> まず行方不明者を捜索し、発見に至らない場合は状況に応じて不在者財産管理人の選任又は失踪宣告の方法をとります。
>
> (2) 不在者財産管理人の選任
>
> 行方不明者を捜索して発見に至らなかった場合は、家庭裁判所に不在者財産管理人の選任を求めることになります。
>
> (3) 失踪宣告
>
> 相続人の行方不明の状態が長期に及びその生死が明らかでない場合は失踪宣告の申立てを行います。

相続人の中に行方不明者がいると、遺産分割協議や限定承認のように相続人全員でしなければならない手続が不可能になってしまいます。

それらの手続を進めるためには、まず行方不明者を捜索し、発見に至らない場合は状況に応じて不在者財産管理人の選任又は失踪宣告の方法をとることになります。

(1) 行方不明者の捜索 ■■■■■■■■■■■■■■■■■■■■■■■■■■

行方不明の相続人には、何らかの形で連絡をとり、相続開始の事実を伝えて手続への協力を求めなければなりません。

通常、ある個人と接触を図ろうとする場合、その方法としてまず考えられるのは、現住所を確認して現地を訪問するか、郵便で手紙を送るなどすることでしょう。

現住所が不明の場合、被相続人の戸籍から順にたどって行方不明である相続人の本籍地を確認し、当該本籍地で戸籍の附票の写しを取得すれば確認することができます。

現住所が特定できたとしても、実際にはその地に居住しておらず発見できない可能性もあります。その場合、警察に行方不明者届を出す、探偵業者に依頼するなどの方法により発見に努めることになります。

(2) 不在者財産管理人の選任 ■■■■■■■■■■■■■■■■■■■■

行方不明者を捜索して発見に至らなかった場合は、家庭裁判所に不在者財産管理人

第3章　相続内容の確認　　57

の選任を求めることになります。

　従来の住所又は居所を離れたまま、当面戻る見込みがない者を「不在者」と呼び、不在者がその財産の管理人を置かなかったときは、家庭裁判所は、利害関係人又は検察官の請求により、その財産の管理について必要な処分を命ずることができる、と定められています（民25①）。「必要な処分」とは、具体的には不在者財産管理人の選任を指します。

　不在者財産管理人の権限は、保存行為及び目的物の性質を変えない範囲内での利用又は改良行為に限られており、その権限を超える行為を必要とするときは、家庭裁判所の許可を得なければなりません（民28・103）。不在者財産管理人が行方不明の相続人に代わって遺産分割協議をすることは権限外の行為に当たるため、家庭裁判所の許可を得れば不在者財産管理人が参加した遺産分割協議が可能になります（昭39・8・7民事三597）。

(3)　失踪宣告 ■■■■■■■■■■■■■■■■■■■■■■■■■■■■■■■

　相続人の行方不明の状態が長期に及びその生死が明らかでない場合は失踪宣告の申立てを行います。失踪宣告には、行方不明の状況により普通失踪と特別失踪の2種類があります。

① 　普通失踪

　　不在者の生死が7年間明らかでないときは、家庭裁判所は、利害関係人の請求により、失踪の宣告をすることができます（民30①）。失踪宣告により、不在者は7年間の失踪期間が満了した時点で死亡したものとみなされ（民31）、相続が開始し、婚姻は解消することになります。

② 　特別失踪

　　不在者が生死不明となった原因が戦争、船舶等の沈没、天災などの危難に遭遇したことである場合は、それらの危難が去った後1年間生死が明らかでないときは失踪宣告をすることができます（民30②）。

　　特別失踪では「危難が去った時」に死亡したものとみなされます（民31）。

　失踪宣告がなされた後に、失踪者が生存していること、又は失踪宣告により死亡したとみなされた時期と異なる時に死亡したことが証明されたときは、本人又は利害関係人の請求により、失踪宣告は取り消されます（民32①前段）。

　失踪宣告の取消しにより、失踪者の擬制死亡による法律効果は全て生じなかったことになりますが、失踪宣告後その取消し前に善意でした行為の効力には影響を及ぼさ

ない、と定められています（民32①後段）。善意で行われた相続財産の売却や失踪者の配偶者の再婚などは、取消し後も効力を維持することになります。

　また、失踪宣告によって財産を得た者は、取消しによって権利を失いますが、現に利益を受けている限度で返還すれば足ります（民32②）。

$$\boxed{\text{ケーススタディ}}$$

Q　登記申請人が特別縁故者であった場合、どのように対応すればよいのでしょうか。

A　相続人のあることが明らかでないとき（戸籍上相続人がいない、相続人が全員相続欠格、廃除に該当又は相続放棄をした場合など。相続人の行方不明、生死不明の場合は該当しません。）は、相続財産は法人とされ（民951）、家庭裁判所が選任した相続財産管理人により清算手続が進められます（民952①）。

　清算手続の過程では、家庭裁判所による相続財産管理人選任の公告（民952②）・相続財産管理人による債権申出の公告（民957①）・家庭裁判所による相続人捜索の公告（民958）の3回にわたり公告が行われます。3回の公告を経てなお相続人が現れず、債権者等への弁済後も残余財産がある場合は、被相続人と生計を同じくしていた者、被相続人の療養看護に努めた者その他被相続人と特別の縁故があった者は、清算後残存すべき相続財産の全部又は一部を分与することを家庭裁判所に請求することができます（民958の3①）。

　この請求は、家庭裁判所による相続人捜索の公告期間満了後3か月以内に、被相続人の相続開始地を管轄する家庭裁判所に申立ててしなければなりません（民958の3②、家事203三）。

2 登記申請人の相続割合を確認する

＜フローチャート〜登記申請人の相続割合の確認＞

1 基本となる相続割合の確認
- (1) 子と配偶者は各2分の1
- (2) 配偶者と直系尊属は、配偶者3分の2、直系尊属3分の1
- (3) 配偶者と兄弟姉妹は、配偶者4分の3、兄弟姉妹4分の1

2 登記申請人に特別受益があるかの確認
- (1) 特別受益者の相続分
- (2) 返還不要となる超過分
- (3) 計算し直しの免除の意思
- (4) 夫婦間による自宅贈与における特則

3 登記申請人に寄与分があるかの確認
- (1) 寄与分
- (2) 寄与分の上限
- (3) 特別の寄与

4 登記申請人に相続分の譲渡・取戻しがあるかの確認
- (1) 相続分の譲渡
- (2) 取戻権
- (3) 取戻権の行使期限

1 基本となる相続割合の確認

(1) 子と配偶者は各2分の1
　子と配偶者が相続人であるときは、その相続分は各2分の1となります。
(2) 配偶者と直系尊属は、配偶者3分の2、直系尊属3分の1
　配偶者と直系尊属が相続人であるときは、配偶者の相続分は3分の2、直系尊属の相続分は3分の1となります。
(3) 配偶者と兄弟姉妹は、配偶者4分の3、兄弟姉妹4分の1
　配偶者と兄弟姉妹が相続人であるときは、配偶者の相続分は4分の3、兄弟姉妹の相続分は4分の1となります。

(1) 子と配偶者は各2分の1

　子と配偶者が相続人であるときは、子の相続分及び配偶者の相続分は、各2分の1となります（民900一）。
　具体的には、夫Aが亡くなった場合には、その妻Bと子Cがそれぞれ2分の1の相続分を有することになります。

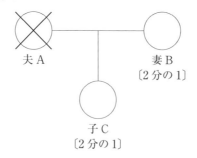

(2) 配偶者と直系尊属は、配偶者3分の2、直系尊属3分の1

　配偶者及び直系尊属が相続人であるときは、配偶者の相続分は、3分の2とし、直系尊属の相続分は、3分の1となります（民900二）。なお、直系尊属とは、父母、祖父母など自分より前の世代で、直通する系統の親族をいいます。
　具体的には、夫Aが亡くなった場合で、その妻Bとの間に子がいなかった場合には、妻Bが3分の2、Aの父Dが3分の1の相続分を有することになります。

第3章　相続内容の確認

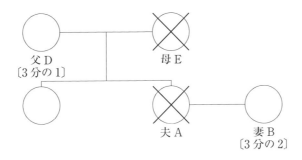

(3) 配偶者と兄弟姉妹は、配偶者4分の3、兄弟姉妹4分の1

　配偶者及び兄弟姉妹が相続人であるときは、配偶者の相続分は、4分の3とし、兄弟姉妹の相続分は、4分の1となります（民900三）。

　具体的には、夫Aが亡くなった場合で、その妻Bとの間に子がおらず、Aの父母、祖父母も先に亡くなっている場合には、妻Bが4分の3、Aの弟Fが4分の1の相続分を有することになります。

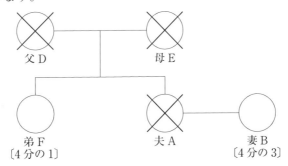

アドバイス

○嫡出でない子の法定相続分

　「嫡出でない子」とは、法律上の婚姻関係にない男女間に生まれた子をいいます。

　平成25年12月5日の民法改正により、嫡出でない子は嫡出子の相続分の2分の1と定めていた部分（平25法94による改正前民900四ただし書前半部分）は削除され、改正後の民法900条の規定においては、嫡出でない子と嫡出子の相続分は同等とされています。

　ここで注意すべき点は、上記改正後の民法の規定が適用されるのは、平成25年9月5日以後に開始した相続についてである点です。相続は被相続人が死亡したことにより開始しますので、平成25年9月5日以後に被相続人が死亡した事案に適用されることになります。

　なお、平成25年9月4日以前に開始した相続についても、平成13年7月1日以後の相続で、平成25年9月4日までに相続財産について遺産分割協議や遺産分割の審判が確定していないような場合には、嫡出でない子と嫡出子の相続分は同等と取り扱うものとされています（法務省HP「民法の一部が改正されました」）。

〇遺言と法定相続の関係（遺留分）

　「遺言」とは、被相続人が生前に「自分が死んだ後に実現したいこと」を書面にしたものをいい、その多くが自己の財産を誰に残したいかという内容のものになります。

　このように、「遺言」は、被相続人が自己の財産をどのように処分するかを自由に決めることができる権利に基づいて作成されるものであり、民法の規定する法定相続に優先するものとされています（民964）。

〇遺留分・遺留分侵害額請求

　「遺留分」とは、一定の相続人が最低限度相続できる遺産の保証分をいいます。つまり、法定相続分と異なる割合が記載された「遺言」があるような場合にも、遺留分を算定するための財産の価額から下記の割合については取得することができることになります（民1042）。

① 　直系尊属（例えば両親）のみが相続人の場合　3分の1

② 　それ以外の場合（子、配偶者が相続人）　2分の1

　なお、兄弟姉妹には「遺留分」は認められていませんのでご注意ください。

　「遺留分侵害額請求」とは、遺留分を侵害されている相続人が、遺留分を侵害している人、つまり、法定相続分と異なる割合で遺贈や贈与を受けている人に対してその侵害額を請求することをいいます（民1046）。「遺留分」は、放っておいても自動的にその保証が受けられるものではなく、その侵害に対して返還を請求することによって保証が受けられるものなのです。

　その請求方法については、特に法律上の制限はなく、口頭でも有効ですが、証拠を残すためにも内容証明郵便等の書面で行うのが一般的です。

　なお、「遺留分侵害額請求」をする権利には、下記のような期限があることにもご注意ください。

① 　遺留分権利者が、相続の開始及び遺留分を侵害する贈与又は遺贈があったことを知った時から1年間請求権を行使しない場合

② 　相続開始の時から10年を経過したとき

　上記の場合には、遺留分侵害額請求権は時効によって消滅することとなります（民1048）。

ケーススタディ

【ケース1】

Q 被相続人Ａと妻Ｂとの間に子どもがおらず、直系尊属（父、母等）も既に亡く

第3章　相続内容の確認　　　63

なっている場合で、父、母を同じくする弟Cと、父のみを同じくする妹Dとがいる場合、それぞれの相続割合はどうなるのでしょうか。

A　兄弟姉妹が数人あるときは、父母の一方のみを同じくする兄弟姉妹の相続分は、父母の双方を同じくする兄弟姉妹の相続分の2分の1となります（民900四）。

　このため、それぞれの相続割合は、妻Bが4分の3、弟Cが6分の1、妹Dが12分の1（弟Cの2分の1）となります。

【ケース2】

Q　登記申請人が代襲相続する場合、それぞれの相続割合はどうなるのでしょうか。

A　「代襲相続」とは、子が親の地位にのぼって相続することをいいます。

　民法では、「被相続人の子が、相続の開始以前に死亡したとき、又は第891条の規定〔相続人の欠格事由〕に該当し、若しくは廃除によって、その相続権を失ったときは、その者の子がこれを代襲して相続人となる」と規定されています（民887②）。

　また、「第887条第2項又は第3項の規定により相続人となる直系卑属の相続分は、その直系尊属が受けるべきであったものと同じとする」と規定されています（民901①）。

　このため、このケースでは、代襲相続する登記申請人の相続割合は、その直系尊属が本来受けるべきであった相続割合と同じとなります。

2　登記申請人に特別受益があるかの確認

---

(1)　特別受益者の相続分

　共同相続人の中に、被相続人から遺贈、又は生前に贈与を受けた者がいる場合は、これを相続財産に加えて相続分を計算し直します。

(2)　返還不要となる超過分

　計算し直した結果、法定相続分を超えて贈与を受けていても、超過分は

返還しなくてよいとされています。

(3)　計算し直しの免除の意思

被相続人が、遺言等で上記計算し直しを免除するという意思を表示することができます。

(4)　夫婦間による自宅贈与における特則

婚姻期間20年以上の夫婦の一方から他方への自宅の贈与等の場合には、上記計算し直しを免除する意思が推定されます。

(1)　特別受益者の相続分 ■■■■■■■■■■■■■■■■■■■■

共同相続人中に、被相続人から、遺贈を受け、又は婚姻若しくは養子縁組のため若しくは生計の資本として贈与を受けた者があるときは、被相続人が相続開始の時において有した財産の価額にその贈与の価額を加えたものを相続財産とみなし、民法900条（法定相続分）から902条（遺言による相続分の指定）の規定により算定した相続分の中からその遺贈又は贈与の価額を控除した残額をもってその者の相続分となります（民903①）。

つまり、被相続人から個別に遺贈、贈与などで財産をもらった相続人がいる場合は、被相続人の意図は通常相続分の先渡しと考えられることから、個別にもらった財産も相続財産として相続時にあったものとして計算し、その上で各自の相続分を算出することにより、相続人間に公平を図る制度となっています（具体的な事例は下記ケーススタディを参照）。

特別受益が多額で法定相続分を超える場合には、特別受益により自らに相続分がないことを証明する書面を作成することとなります。

【参考書式4】　相続分不存在の旨の特別受益証明書

(2)　返還不要となる超過分 ■■■■■■■■■■■■■■■■■■■■

遺贈又は贈与の価額が、相続分の価額に等しく、又はこれを超えるときは、受遺者又は受贈者は、その相続分を受けることができないとされています（民903②）。

つまり、特別受益を受けた価額が、計算し直した相続分と等しい、又は超えていた場合は、特別受益以外の相続分を受け取ることはできないという定めとなります。これは裏を返すと、超えて受け取った財産を返還する義務はないと定めた規定と解されています。

第3章　相続内容の確認　　65

(3)　計算し直しの免除の意思 ■■■■■■■■■■■■■■■■■■■

　被相続人が上記(1)(2)の規定と異なった意思を表示したときは、その意思に従うとされています（民903③）。

　つまり、被相続人が遺言等で、上記遺贈や贈与は相続分の先渡しではなく、相続人の中から特別にその者に利益を与える意図である旨を表示している場合には、上記(1)で記載した相続分の計算のし直しを行わず、受益財産を除いた相続財産を相続分に応じて分配することとなります。

(4)　夫婦間による自宅贈与における特則 ■■■■■■■■■■■■■■■

　婚姻期間が20年以上の夫婦の一方である被相続人が、他の一方に対し、その居住の用に供する建物又はその敷地について遺贈又は贈与をしたときは、当該被相続人は、その遺贈又は贈与について民法903条1項の規定を適用しない旨の意思を表示したものと推定するとされています（民903④）。

　この規定は、20年以上という長期にわたって婚姻関係にあった夫婦間で自宅のような居住用不動産を遺贈又は贈与する場合は、通常相続人の中から特別にその配偶者に利益を与える意図があると考えられるため、相続分の計算し直しを免除する意思が推定されると定めています。

┌─────── アドバイス ───────┐

○民法903条4項の規定の「推定する」

　上記の民法903条4項の規定には、「推定する」と規定されていますが、これは4項の要件を満たす場合には、相続分の計算し直しの免除意思があると「法律上の推定」が働くということです。

　「法律上の推定」とは、事実や権利に対して証明が困難な場合、容易に証明できる前提事実を証明すれば、相手方の反証さえなければ証明されたとみなして法律効果が発生するという法理論です。

　つまり、「婚姻期間が20年以上の夫婦の一方である被相続人が、他の一方に対し、その居住の用に供する建物又はその敷地について遺贈又は贈与をしたとき」という前提事実を証明すれば、被相続人が「その遺贈又は贈与について民法903条1項の規定を適用しない旨の意思を表示した」ものとして取り扱うということです。

ケーススタディ

Q 被相続人Ａの相続開始時の相続財産は4,000万円で、相続人は妻Ｂ、子Ｃ、子Ｄです。子Ｃに被相続人Ａから生活費として2,000万円贈与されていた場合、各人の相続分はどのようになりますか。

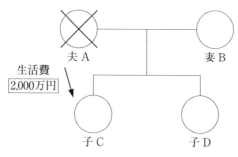

A まず、相続開始時の財産4,000万円に、特別受益の2,000万円を加えた6,000万円が相続財産となります。これで法定相続分を計算すると下記のようになります。

妻Ｂ……6,000万円 × $\frac{1}{2}$ = 3,000万円

子Ｃ……6,000万円 × $\frac{1}{2}$ × $\frac{1}{2}$ = 1,500万円

子Ｄ……6,000万円 × $\frac{1}{2}$ × $\frac{1}{2}$ = 1,500万円

ここで、子Ｃの特別受益分を控除すると、各人の具体的相続分は下記のようになります。

妻Ｂ……3,000万円 　　　　　　　　　　　→ 3,000万円
子Ｃ……1,500万円 － 2,000万円 ＝ －500万円 → 　　0円
子Ｄ……1,500万円 　　　　　　　　　　　→ 1,500万円

上記(2)で記載したように、子Ｃは超過分の返還義務はないことから、妻Ｂ、子Ｄの相続分合計額が相続開始時財産を500万円超過してしまうこととなります。この場合、具体的相続分を基準に不足分を按分するものとされています。

妻Ｂ……4,000万円 × $\frac{3,000万円}{3,000万円 + 1,500万円}$ = 2,666万6,666.666…円

子Ｄ……4,000万円 × $\frac{1,500万円}{3,000万円 + 1,500万円}$ = 1,333万3,333.333…円

第3章　相続内容の確認　　　67

【参考書式4】　相続分不存在の旨の特別受益証明書

相続分不存在の旨の特別受益証明書

　　　最後の本籍　　○○県○○市○○町1丁目2番3号
　　　被 相 続 人　　○○○○
　　　　　　　　　（○年○月○日死亡）

　　私は、上記○○○○の相続人であるところ、生前同人より生計の資本として相続分を超える財産の贈与を受けており、同人の相続については、民法第903条第2項の規定により、受けるべき相続分がないことを証明します。

○年○月○日
　　　　　　　　　　　　　　　相続人　住所　○○県○○市○○町1丁目2番3号
　　　　　　　　　　　　　　　　　　　氏名　○○○○　㊞※

※実印を押印し、印鑑登録証明書を添付します。

68　　　第3章　相続内容の確認

3 登記申請人に寄与分があるかの確認

（1）　寄与分

　相続人の中で、相続財産を増加させることに寄与した者がいる場合は、その価額を相続財産から控除して相続分を計算し直します。

（2）　寄与分の上限

　寄与分は、相続開始時の財産から遺贈の価額を控除した残額の範囲内で定めなければならないとされています。

（3）　特別の寄与

　被相続人の財産の維持又は増加について特別の寄与をした被相続人の親族は、相続人に対し、特別寄与者の寄与に応じた額の金銭の支払を請求することができます。

（1）　寄与分 ■■■■■■■■■■■■■■■■■■■■■■■■■■■■■■■■■■■

　共同相続人中に、被相続人の事業に関する労務の提供又は財産上の給付、被相続人の療養看護その他の方法により被相続人の財産の維持又は増加について特別の寄与をした者があるときは、被相続人が相続開始の時において有した財産の価額から、共同相続人の協議で定めたその者の寄与分を控除したものを相続財産とみなし、民法900条から902条（法定相続分、代襲相続人の相続分、遺言による相続分の指定）までの規定により算定した相続分に寄与分を加えた額をもってその者の相続分とするとされています（民904の2①）。

　つまり、被相続人の相続財産の維持又は増加について特別に寄与した者がいた場合には、その寄与分については寄与者の固有の財産であり、相続財産として考えるべきではないという理念から、このような制度となっています。

　もっとも、寄与分は共同相続人の協議でその価額が定められるものとされており、正当な価額が評価されるとは限りません。このため、上記協議が調わないとき、又は協議をすることができないときは、家庭裁判所は、寄与をした者の請求により、寄与の時期、方法及び程度、相続財産の額その他一切の事情を考慮して、寄与分を定める

とされています（民904の2②）。このように、家庭裁判所が公平な立場で寄与分を算定してくれる制度が定められています。

共同相続人間で寄与分を認める協議が成立すると、これを証明する書面を作成することになります。

【参考書式5】　寄与分の割当ての証明書

(2)　寄与分の上限 ■■■■■■■■■■■■■■■■■■■■■■■■■■■■

寄与分は、被相続人が相続開始の時において有した財産の価額から遺贈の価額を控除した残額を超えることができないとされています（民904の2③）。

これは、遺贈という被相続人の意思がまず優先され、これに反しない範囲で寄与分は定めることができるということになります。

(3)　特別の寄与 ■■■■■■■■■■■■■■■■■■■■■■■■■■■■

被相続人に対して無償で療養看護その他の労務の提供をしたことにより被相続人の財産の維持又は増加について特別の寄与をした被相続人の親族は、相続の開始後、相続人に対し、特別寄与者の寄与に応じた額の金銭の支払を請求することができるとされています（民1050①）。

従前の民法では、寄与分は相続人にのみ認められており、相続人以外の者、例えば相続人の妻が相続人の父母の介護をしていた場合でも、妻自身は相続人ではないことから、寄与分制度の対象とはなりませんでした。今後さらに少子高齢化が進み、相続人以外の者から療養看護を受けるケースが増加することが予想されることもあり、新たに上記の「特別の寄与」を認める制度が創設されています。

また、上記特別の寄与の額について協議が調わない場合の家庭裁判所への協議に代わる処分の請求権が認められており（民1050②）、当該請求権に関する期間の制限として、相続の開始及び相続人を知った時から6か月を経過したとき、又は相続開始の時から1年を経過したときは当該請求をすることができないとされています（民1050②ただし書）。

Q 被相続人Aの相続開始時の相続財産は4,000万円で、相続人は妻B、子C、子Dです。子Cは被相続人の個人事業を手伝い、寄与分は1,000万円と定められた場合、各人の相続分はどのようになりますか。

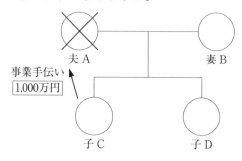

A まず、相続開始時の財産4,000万円から寄与分の1,000万円を控除した3,000万円が相続財産となります。これに法定相続分を計算すると下記のようになります。

　　妻B……3,000万円 × $\frac{1}{2}$ ＝ 1,500万円

　　子C……3,000万円 × $\frac{1}{2}$ × $\frac{1}{2}$ ＝ 750万円

　　子D……3,000万円 × $\frac{1}{2}$ × $\frac{1}{2}$ ＝ 750万円

ここで、子Cの寄与分を加えると、各人の具体的相続分は下記のようになります。

　　妻B……1,500万円　　　　　　　→　1,500万円
　　子C……750万円 ＋ 1,000万円　→　1,750万円
　　子D……750万円　　　　　　　　→　　750万円

第3章　相続内容の確認　　71

【参考書式5】　寄与分の割当ての証明書

寄与分の割当ての証明書

　　最後の本籍　　○○県○○市○○町1丁目2番3号
　　被 相 続 人　　○○○○
　　　　　　　　（○年○月○日死亡）

　我々は、被相続人の相続に関しては、寄与分を下記のように定める。
　　　　　　　　　　　　　記
　　寄与者　住所　○○県○○市○○町1丁目2番3号
　　　　　　氏名　○○○○
　　寄与分　金○○万円

○年○月○日
　　　　　　　　　　共同相続人　住所　○○県○○市○○町1丁目2番3号
　　　　　　　　　　　　　　　　氏名　○○○○　㊞※
　　　　　　　　　　共同相続人　住所　○○県○○市○○町1丁目2番3号
　　　　　　　　　　　　　　　　氏名　○○○○　㊞※

※実印を押印し、印鑑登録証明書を添付します。

第3章　相続内容の確認

4　登記申請人に相続分の譲渡・取戻しがあるかの確認

> （1）　相続分の譲渡
> 　相続分は、これを第三者に譲渡することができます。
> （2）　取戻権
> 　上記譲渡がある場合、他の相続人はその価額を償還してその相続分を譲り受けることができます（取戻権）。
> （3）　取戻権の行使期限
> 　上記(2)の取戻権は、譲渡後1か月以内に行使しなければならないとされています。

（1）　相続分の譲渡 ■■■■■■■■■■■■■■■■■■■■■■■■■■■

　相続人は遺産の相続開始から遺産分割までの間に自己の相続分を他に譲渡することができるとされています（民905①前段）。

　この「相続分」とは、遺産全体に対して共同相続人が有する包括的持分又は共同相続人の法律上の地位を意味するものと解されており、遺産を構成する特定の不動産について、相続人の1人が自己の共有持分権を第三者に譲り渡した場合については、民法905条の適用又は類推適用することはできないとされています（最判昭53・7・13判時908・41）。

　相続分の譲渡があった場合、譲渡を受けた者は譲渡をした相続人の地位を承継し、当該相続人と同じ権利義務を有することになります。

【参考書式6】　相続分譲渡証書

（2）　取戻権 ■■■■■■■■■■■■■■■■■■■■■■■■■■■

　遺産分割前に相続分が第三者に譲渡された場合は、他の共同相続人は、その価額及び費用を償還して、その相続分を譲り受けることができるとされています（民905①後段）。

　これは、遺産分割に第三者が介入して紛糾することを防止することを目的として、他の共同相続人に第三者に対して相続分を取り戻す権利を認めるものです。

第3章　相続内容の確認　　73

(3)　取戻権の行使期限　■■■■■■■■■■■■■■■■■■■■■■■

　取戻権は、譲渡があったときから1か月以内に行使しなければならないとされています（民905②）。

　これは、相続分の譲渡を受けた者が、取戻しを受けるかどうか不安定な地位に立たされることから、権利行使期限を定めることにより、譲受人の地位を保護することを目的としています。

アドバイス

〇相続分譲渡の活用方法

　相続人が複数いて、その取り分について協議が調わないような場合、裁判所を介して手続することも考えると、相続分を取得するまで非常に長い期間がかかることがあります。

　このようなときに、そんなに長くは待てない、今すぐ相続分を得たいという場合に、相続分の譲渡は活用されます。

　つまり、自己の相続分を他の相続人に有償で譲渡することにより、協議の成立を待たずに一定の財産を確保することができ、その後の分割協議に関わらなくて済むということです。

　早期に財産を確保したいという要望に対して提案できる手法といえるでしょう。

ケーススタディ

Q　被相続人Aが死亡し、相続財産として不動産があり、Aの子B、C、D、Eが相続人です。C、Dが自己の相続分をBに譲渡し、B、E間でBがA名義の不動産を相続する旨の遺産分割協議が成立した場合、どのような手続が必要となるのでしょうか。

A　この場合、C、Dの印鑑登録証明書が添付された相続分譲渡証書と、B、E間でBがA名義の不動産を相続する旨を定めた遺産分割協議書にB、Eの印鑑登録証明書を添付することにより、A名義の不動産について、相続を原因として相続人をB1人とする相続登記をすることができます（昭59・10・15民三5195）。

【参考書式6】　相続分譲渡証書

相続分譲渡証書

最後の本籍　○○県○○市○○町1丁目2番3号

被相続人　○○○○

　　　　　　（○年○月○日死亡）

私は、被相続人の相続に関しては、私の相続分の全てを下記の者に譲渡する。

記

譲受人　住所　○○県○○市○○町1丁目2番3号

　　　　氏名　○○○○

○年○月○日

譲渡人　住所　○○県○○市○○町1丁目2番3号

氏名　○○○○　㊞※

※実印を押印し、印鑑登録証明書を添付します。

3 相続関係説明図を作成する

＜フローチャート～相続関係説明図の作成＞

1 相続関係説明図作成に必要な資料の収集
　(1)　相続関係説明図
　(2)　相続関係説明図作成に必要な書類

2 相続関係説明図の作成
　(1)　相続関係説明図に記載する情報
　(2)　相続関係説明図の記載内容及び書き方

76 第3章 相続内容の確認

1 相続関係説明図作成に必要な資料の収集

> （1） 相続関係説明図
>
> 　登記に関する被相続人の相続関係を証明する戸籍謄本（全部事項証明書）等の情報を一覧にまとめた書類を作成し、登記申請書に添付します。
>
> （2） 相続関係説明図作成に必要な書類
>
> 　相続関係説明図を作成するため、相続関係当事者の戸籍謄本（全部事項証明書）・除籍謄本（除籍全部事項証明書）・改製原戸籍謄本・住民票の除票等を収集します。

（1） 相続関係説明図 ■■■■■■■■■■■■■■■■■■■■■■

　相続関係説明図とは、死亡した被相続人とその相続人全員の関係等を記載し、図式化した一覧図のことをいいます。これを作成し、登記申請書に添付して法務局に提出することによって、戸籍謄本（全部事項証明書）等の写しを添付せずとも、戸籍謄本（全部事項証明書）の原本を還付してもらうことが可能になります。

（2） 相続関係説明図作成に必要な書類 ■■■■■■■■■■■■■■

　相続関係説明図を作成するために必要な書類は、相続登記に必要な書類と同一です。

　具体的には、①被相続人の出生から死亡までの戸籍謄本（全部事項証明書）及び改製原戸籍謄本、除籍謄本（除籍全部事項証明書）、②被相続人の最後の住所の分かる戸籍の附票の写し若しくは住民票の除票、③相続人の現在戸籍の謄抄本（全部（一部）事項証明書）、④相続人の現住所の分かる住民票の写し若しくは戸籍の附票の写しの4種類が必要になります。

　上記①被相続人の出生から死亡までの戸籍謄本（全部事項証明書）及び改製原戸籍謄本、除籍謄本（除籍全部事項証明書）は、対象となる被相続人について全ての相続人を洗い出すために必要となります。被相続人の死亡から出生まで順番に遡っていき、その過程の中で発見された相続人全員の戸籍謄抄本（全部（一部）事項証明書）と住民票の写し及び戸籍の附票の写しを取得します。

　戸籍は、法律によって何度か作り直されていたり、人によって人生の途中で別の本籍地へと移動していたりするので、間を飛ばしてしまわないように気を付けなければ

なりません。その戸籍が何年から何年までのものか、対象となる人が何歳から何歳の間その戸籍にいたのかをよく確認する必要があります。また、戸籍が廃棄になっていて、出生から死亡まで全て揃わないこともあります。その場合は、廃棄証明書を取得し、戸籍が既に廃棄済であることを証明しなければなりません。

また、上記②被相続人の最後の住所の分かる戸籍の附票の写し若しくは住民票の除票については、相続登記を申請するには、不動産登記事項証明書上の住所と沿革が付いていなければなりません。戸籍の附票の写しや住民票の除票だけでは沿革が付かないこともあるので、その場合は改製原戸籍の附票の写しなどを取得して沿革を付ける必要があります。しかし、附票は保存期間が5年と短く、既に廃棄されていることもあるので、その場合は廃棄証明書を取得して、これ以上書類を追うことができないことを証明しなければなりません。

2 相続関係説明図の作成

> **(1) 相続関係説明図に記載する情報**
> 相続関係当事者に関する戸籍等に記載された情報のうち、登記に必要な情報を記載します。
> **(2) 相続関係説明図の記載内容及び書き方**
> 相続関係当事者に関する戸籍謄本（全部事項証明書）等に記載された情報のうち、登記に必要な情報を整理して記載します。

(1) 相続関係説明図に記載する情報 ■■■■■■■■■■■■■■■■

相続関係説明図には、戸籍謄本（全部事項証明書）等に記載されている情報の全てが必要というわけではありません。相続関係説明図に必要な情報は、被相続人については、①氏名、②出生日、③死亡日、④最後の本籍地、⑤最後の住所、⑥不動産登記事項証明書上の住所、相続人については①氏名、②出生日、③現在の住所、となります。取得した戸籍謄本（全部事項証明書）等の中から必要な情報を整理しておかなければなりません。

（2） 相続関係説明図の記載内容及び書き方 ■■■■■■■■■■■■

　相続関係説明図は書き方が指定されているわけではありません。しかし、書かなければならない内容は決まっています。

① タイトル

　相続関係説明図に書かれる被相続人の名前を書いておき、誰の相続関係なのかを一目でわかるようにしておきます（例：被相続人〇〇〇〇相続関係説明図）。

② 被相続人の情報

　被相続人の氏名、出生日、死亡日、最後の本籍地、最後の住所、不動産登記事項証明書上の住所を記載します。

③ 相続人の情報

　相続人の氏名、出生日、現住所を記載します。また、被相続人から見て相続人がどのような関係なのか、続柄（妻、夫、長男、長女等）を記載しなければなりません。この他にも、遺産を相続するのか、しないのかも明確にしておく必要があります。不動産を相続する人の欄には、単独で相続する場合は「相続人」、複数人で分割する場合にはその持分割合を書きます。不動産を相続しない人の欄には「遺産分割」と記載しておきます。

　以上全ての情報を漏れなく記載した後、右下に「戸籍謄抄本の原本は還付した」という文言を書いておきましょう。

【参考書式7】　相続関係説明図

アドバイス

〇戸籍の期限

　相続登記に使用する戸籍には、〇年以内のものを使用しなければいけない等との期限は特に定められてはいません。しかし、提出する法務局によっては、相続人の戸籍については1年以内に取得した戸籍の提出を求められることもあります。

　相続人が更に死亡することによって二次相続が生じている可能性があるからという理由からだと思われます。したがって、相続人の戸籍に関しては、1年以内に取得した戸籍を収集の上、登記申請書に添付することが望ましいといえます。

〇法定相続情報証明制度

　法定相続情報証明制度とは、法務局に戸籍謄本等と相続関係説明図（法定相続情報一覧図）を提出することで、登記官がその説明図（法定相続情報一覧図）に認証文を付し

第3章　相続内容の確認

たものを交付してもらえる制度です。この制度によって取得した認証文付法定相続情報一覧図は、不動産登記だけでなく、銀行などの相続手続にも利用することができ、毎回戸籍謄本等を全て提出する手間を省略することができます。

認証文付法定相続情報一覧図を取得するために必要な書類は、相続関係説明図を作成するために必要な書類に加えて、申出書、委任状、申出人の身分証明書が必要になります。申出をする法務局は、①被相続人の本籍地、②被相続人の最後の住所地、③申出人の住所地、④被相続人名義の不動産の所在地、のいずれかを管轄する法務局を選択することができます。

○法定相続情報証明作成の際の職務上請求書使用の可否

この制度が開始された当初は、法定相続情報証明を作成する目的のみのために職務上請求書を使用することは自治体において認めていないという経緯がありましたが、後に取扱いは変更され、現在は法定相続情報証明作成のために職務上請求書を使用して戸籍を取得することが認められています（日本司法書士連合会「法定相続情報証明制度に関するＱ＆Ａ」）。

【参考書式8】　法定相続情報証明

【参考書式7】 相続関係説明図

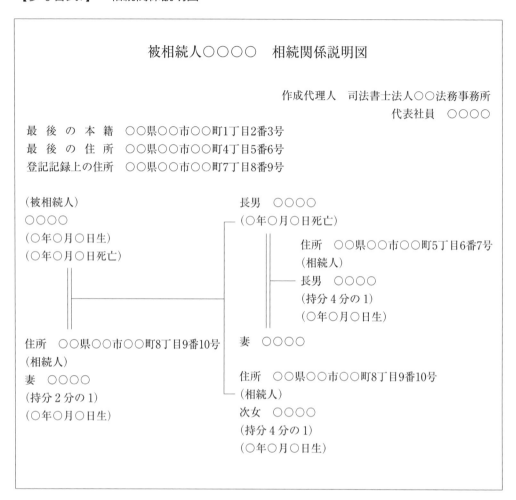

第3章　相続内容の確認　　　　　　　　81

【参考書式8】　法定相続情報証明

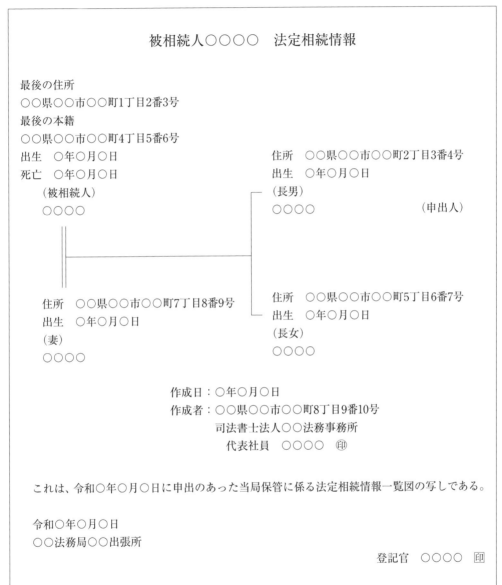

注）本書面は、提出された戸除籍謄本等の記載に基づくものである。相続放棄に関しては、本書面に記載されない。また、相続手続以外に利用することはできない。

第2 登記申請人が相続する財産を確認する

＜フローチャート～登記申請人が相続する財産の確認＞

1 登記申請人が相続する財産の調査
- (1) 固定資産税・都市計画税課税明細書
- (2) 名寄帳
- (3) 登記済権利証（登記識別情報通知）
- (4) 登記事項証明書（登記情報）
- (5) 公 図

2 登記事項の確認
- (1) 未登記不動産の有無の確認
- (2) 登記名義人等の確認
- (3) 権利阻害事項の有無の確認

補助者業務のポイント
登記事項確認のサポート

3 実体上の権利関係の確認
- (1) 不動産の現況の確認
- (2) 実体上の所有者の確認
- (3) 権利阻害事項の現況の確認

補助者業務のポイント
実体上の権利関係の確認のサポート

第3章 相続内容の確認　　83

1　登記申請人が相続する財産の調査

（1）　固定資産税・都市計画税課税明細書

不動産の固定資産税・都市計画税を納めるために不動産所在地の役所から毎年4月ないし6月頃に送られてくる納税通知書（振込納付書）に添付されている資料です。

（2）　名寄帳

不動産所在地の市区町村ごとに作成された、ある個人が所有している不動産帳簿一覧です。市区町村に請求することによって取得できます。

（3）　登記済権利証（登記識別情報通知）

不動産の権利を取得した際に、登記完了時に法務局から発行される、権利者の権利内容を証明する書類です。

（4）　登記事項証明書（登記情報）

登記記録が記載された証明書で、法務局あるいはインターネットでその情報を取得することができます。

（5）　公　図

登記上の土地の境界や建物の位置を特定するための地図で、法務局あるいはインターネットでその情報を取得することができます。

相続する不動産の特定方法は、土地は所在・地番、建物は所在・家屋番号で特定します。このときの所在・地番・家屋番号は、住民票上の住所とは異なります。住所しか分からないという場合は、住所から地番・家屋番号を割り出す必要があり、ブルーマップと呼ばれる地図で割り出します。ブルーマップは、所在地の法務局に備え付けられており、管轄の法務局にて住所から地番・家屋番号の照会を行います。

（1）　固定資産税・都市計画税課税明細書　■■■■■■■■■■■■■

全国のどこに不動産を所有しているかを確認するために、まず被相続人宛に送付されている郵便物から調査します。

固定資産税・都市計画税課税明細書は、不動産の固定資産税・都市計画税を納めるために不動産所在地の役所から毎年4月ないし6月頃（市区町村によって時期が異なり

ます。）に送られてくる納税通知書（振込納付書）に添付されている資料です。納税通知書は市区町村ごとに送られてくるので、郵送物を調査することで、都道府県・市区町村をまたいで所有している不動産を把握することができます。

　被相続人が不動産を所有している場合、この納税通知書が毎年郵送で所有者（共有不動産であれば、共有名義人のうちの代表者1人）の自宅に届き、納税しているため、依頼者が把握している可能性が高い資料です。まず、依頼者との初回面談時に納税通知書を把握しているかどうか確認するとよいでしょう。

　ただし、中には課税されない非課税不動産が課税明細書に載っていない場合や、課税はされているが登記がされていない未登記建物が課税明細書に載っている場合があり、注意が必要です。登記上と課税上の不動産とでは把握されている情報が異なるためです。非課税不動産の代表的なものでは、自宅前の公衆用道路（私道）がこれに当たるケースが多いです。また未登記建物は、家屋番号の欄が空白であったり9999番といった不自然な数字が並んでいるケース（市区町村によって表記が異なります。）があります。非課税不動産、未登記建物いずれも、相続登記や遺産分割協議書を作成する上では把握すべき情報ですので、見逃さないよう、他の資料と併せて調査する必要があります。

（2）　名寄帳 ■■■■■■■■■■■■■■■■■■■■■■■■■■■■■■■■■■■■

　名寄帳とは、不動産所在地の市区町村ごとに作成された、ある個人が所有している不動産帳簿一覧です。非課税の不動産も含んだ一覧になっていることもあるため、公衆用道路（私道）や山林なども調査することができる場合があります。先述の納税通知書や依頼者からのヒアリング内容を元に、該当の市区町村に名寄帳を請求します。

　例えば、被相続人甲はA市に山林を所有していることが分かっているものの、詳細の所在地番が不明で特定できない場合、A市から名寄帳を取得することで、A市にある甲名義の不動産全てを特定することがきます。また、A市内で所有している不動産を1つしか把握していない場合でも、名寄帳を取得することで、非課税不動産や未登記建物を含めたA市内の不動産全てが一覧で記載されているため、当初把握していなかった不動産を調査することができます。不動産を特定できない場合のみならず、特定できていると思われる場合でも確認のために使える資料です。

　名寄帳は、請求方法が市区町村によって異なり、手数料も無料な所から不動産ごとに加算される所までありますので、事前に電話等で確認しておきましょう。名寄帳を司法書士が代理請求する場合、通常、所有者と請求者との関係を証明するための戸籍

謄本（全部事項証明書）、請求者からの委任状、司法書士の本人確認資料が必要となります。

　ただし、名寄帳は市区町村ごとに請求しなければなりませんので、所有している市区町村すら分からないという場合であれば、名寄帳での特定は不可能になります。

(3) 登記済権利証（登記識別情報通知） ■■■■■■■■■■■■■■■

　登記済権利証（登記識別情報通知）（平成17年から平成20年にかけて、登記済権利証から登記識別情報へ様式変更されています。）とは、不動産の権利を取得した際に、登記完了時に法務局から発行される、権利者の権利内容を証明する書類です（不登21、不登規61）。世間一般では「権利証」と呼ばれています。自宅、貸金庫等大切な場所に保管されている方々が多く、依頼者が把握している可能性が高い資料です。登記済権利証（登記識別情報通知）には不動産の所在地番が記載されているため、不動産の調査対象となり、例外的に相続登記の添付情報として利用する場合もあります。依頼者との面談時に登記済権利証（登記識別情報通知）の有無を確認することが肝要です。

(4) 登記事項証明書（登記情報） ■■■■■■■■■■■■■■■■■■

　上記、固定資産税・都市計画税課税明細書、名寄帳、登記済権利証（登記識別情報通知）で不動産を調査した後、登記事項証明書（登記情報）を確認し、相続に関する権利状況を確認します。登記事項証明書は法務局で、登記情報はインターネットで取得できます。実は被相続人名義ではなくその父親名義であった、抵当権が付いている、地役権が付いているといった情報は、登記情報を確認して初めて分かります。

　また、共同担保目録付の登記事項証明書であれば、非課税の道路部分の土地や他管轄に所有している不動産が共同担保目録欄で見つかる場合もあります。

　特に、登記情報上の住所・氏名がどのようになっているかは、相続人の特定・相続登記申請の内容・申請添付情報を左右するものですので、不動産調査後は、一番に目を通すべき項目です。

(5) 公　図 ■■■■■■■■■■■■■■■■■■■■■■■■■■■■

　公図は、登記上の土地の境界や建物の位置を特定するための地図で、法務局あるいはインターネットでその情報を取得することができます。地図には地番が記載されており、建物が複数の土地にまたがって建っていたり、前面道路がある場合に、その土地の所在を視覚的に把握できる資料です。

86 第3章 相続内容の確認

なお、公図は非課税の公衆用道路等を調査する際にも有効な資料になります。

非課税の公衆用道路等は納税通知書や名寄帳には記載されない場合もありますので、それらの証明書の記載を鵜呑みにしてしまうと相続登記対象不動産をとりこぼしてしまう可能性があります。

所有不動産の公図を取得して側面部分に私道部分と思われる土地があるようであれば、その登記事項証明書も取得し、それが被相続人の名義のものであれば、その不動産も相続登記対象不動産ということになります。

公図と住宅地図を照らし合わせてみることも肝要です。

2 登記事項の確認

> **（1） 未登記不動産の有無の確認**
> 　被相続人所有の不動産で、そもそも登記記録がないいわゆる未登記状態となっているものがあるかを確認します。
> **（2） 登記名義人等の確認**
> 　依頼を受けた相続の被相続人が登記名義人となっているかを確認します。
> **（3） 権利阻害事項の有無の確認**
> 　相続登記対象不動産につき、依頼者の権利を阻害するような登記の有無を確認します。

（1） 未登記不動産の有無の確認 ■■■■■■■■■■■■■■■■■

相続登記を行うためには、そもそも不動産が登記されていることが必要になります。登記は対抗要件にすぎないため（民177）、不動産を所有していても登記を備えていない場合も現実にはあり得ることです。親族以外の他人間で不動産の売買等の処分を行う場合は、権利を譲り受ける者が第三者対抗要件としての登記を要望することが多いため、他人間での売買等が比較的多い都市部においては不動産が未登記状態になっていることはそれほど多くないといえます。しかし、他人間での売買等の処分の機会が少

なく、先祖代々所有不動産が相続で承継されているような都市部以外の地域では、第三者に対して対抗要件を備えておく必要性をあまり重視せず、むしろ少なくない登記費用がかかることから、登記を備えていないという場合も少なくありません。特に、古い建物の場合に未登記の状態になっていることがよく見受けられます。未登記不動産について相続登記を行う場合は、まず表題登記を行う必要があり、既に登記されている不動産の相続登記と手続の工程が変わります。したがって、相続登記を受任した場合、まずは、対象不動産が登記されている不動産であるのか未登記不動産であるのかを確認する必要があります。

　対象不動産が未登記かどうかについては、一般的には登記記録の確認、固定資産税納税通知書や固定資産評価証明書を確認することで判明します。すなわち、対象不動産の地番で登記記録を検索しても該当不動産の登記記録が出てこない、固定資産税納税通知書や固定資産評価証明書において「未登記」の旨の記載がある等の確認を行うことで判別することができます。

　また、依頼時に判明していない未登記建物を把握する場合も同じく固定資産税納税通知書や固定資産評価証明書を確認するのが得策だといえます。役所は登記の有無で課税するのではなく定期的に現地調査等を行い、建物そのものの存在の有無で課税します。

　よって登記していなくても建物が存在していれば役所は課税し、その所有者に通知されます。登記情報がなく課税されているものは未登記建物だと判別することができます。

(2)　登記名義人等の確認 ■■■■■■■■■■■■■■■■■■■■■■■■■

　対象不動産が登記されている場合、当該不動産の登記記録の内容を確認し、現状の登記記録上の登記名義人がどうなっているかを確認します。必ずしも、依頼を受けた相続登記の被相続人が現況登記記録の所有者として登記されているとは限りません。

　先に述べたとおり、都市部においては、親族以外の他人間で不動産の売買等の処分を行う場合は、権利を譲り受ける者が第三者対抗要件としての登記を要望することが多いため、権利変動に応じて登記がなされ、登記記録も更新されていることが多いものと思われます。しかし、他人間での売買等の処分の機会が少なく、先祖代々所有不動産が相続で承継されているような都市部以外の地域では、第三者に対して対抗要件を備えておく必要性をあまり重視せず、登記にかかる費用面を憂慮することから、相続登記等を行わないまま放置された状態で登記記録上の登記名義人が何代も前の死者

名義になっている場合も多く見受けられます。また、表題登記だけがなされていて、所有権保存登記以降の権利の登記がなされないままになっている場合も多々あり得ます。このような場合は、被相続人名義から相続人名義への所有権移転登記と添付情報が異なることになったり、所有権移転登記ではなく所有権保存登記を行うことになったりと、手続の工程が変わることになります。

相続登記の受任時には、早い段階で対象不動産の登記記録の内容を確認し、現状の登記記録上の登記名義人がどうなっているかを確認し、後の手続工程を検討しておくことが肝要です。

(3) 権利阻害事項の有無の確認 ■■■■■■■■■■■■■■■■■■■■■

対象不動産の登記記録の確認では、単に相続による所有権移転という観点だけに捉われて、相続による権利移転だけに注力するために、それ以外のことを見逃してしまうことがあります。

例えば、対象不動産に対して売買予約の所有権移転請求権仮登記がなされていたり、既に債権債務がないにもかかわらず抹消登記がなされないまま担保登記が残っていたりする場合があります。

このような相続登記をした後に所有者の権利を阻害する要因となる登記がないかどうか、あれば、どのように対処するのかを早い段階で検討し、対処することも肝要です。

補助者業務のポイント

○登記事項の確認

　登記事項の確認のためには、受任時の早い段階で対象不動産を特定し、登記記録を確認するために登記事項証明書（登記情報）の取得を行ったり、固定資産評価証明書や名寄帳を取得する必要があります。このような資料をスピーディに収集することはもちろんのこと、収集するだけでなく、内容を整理して情報をまとめ、案件の対処方法の検討とその後の対応を迅速に判断・実行できるような態勢を整えるべく差配することが肝要です。

　そのためには、収集が必要な資料を的確に判断し、収集した資料から必要な情報を読み取り、情報を整理する必要があります。これを行うには、単に書類上の知識だけでなく、何を目的に資料を収集するのか、資料の情報でどこに留意しなければならないのかをも把握しておく必要があります。

第3章　相続内容の確認　　89

　案件処理を資格者と協力して進めるに当たって、必要な書類の確認だけでなく、取得する目的、そこから何を確認しようとしているかについても綿密に打合せを行うよう留意しましょう。

3 実体上の権利関係の確認

(1)　不動産の現況の確認
　登記記録にある不動産が現実に存在するかを確認します。
(2)　実体上の所有者の確認
　登記上は被相続人名義の不動産であっても、現実に他に実体上の所有者がいないかどうかを確認します。
(3)　権利阻害事項の現況の確認
　相続登記対象不動産に相続人の権利を阻害するような登記がある場合は、その登記された権利が実体上も存在しているかを確認します。

(1)　不動産の現況の確認 ■■■■■■■■■■■■■■■■■■■■■■■■

　被相続人名義の不動産を登記記録や固定資産税納税通知書、固定資産評価証明書等の書面から確認し特定することは肝要ですが、書面上の確認だけでは確実に被相続人名義の不動産を確認したことにはなりません。登記記録上や書面上被相続人名義の不動産が判明しても、現実にはその不動産がないということもあり得ます。例えば、建物は解体して既に存在しないけれども滅失登記をしていないために登記だけが残っている場合が考えられます。

　登記記録や固定資産税納税通知書、固定資産評価証明書等の書面上で判明した被相続人名義の不動産について、実体上も当該不動産は存在するのかどうかを念のため相続人等関係者に確認することが肝要です。

　解体滅失という概念のある建物については特に注意が必要です。関係者に確認した結果、登記記録上の建物は既に解体されて存在しない建物であって、現実に今存在する建物は建て直しで新しく建てた建物であるにもかかわらず、未登記となっているこ

とが判明するということもあります。

　誤って、既に存在しない不動産の所有権移転登記を行ってしまうと、不実の登記をしてしまう結果になりますので慎重に確認は行うべきです。

（2）　実体上の所有者の確認 ■■■■■■■■■■■■■■■■■■■■

　不動産の登記記録や固定資産税納税通知書、固定資産評価証明書等の書面上の名義が被相続人名義になっていたとしても、実体上の所有者が現在誰になっているのか念のため相続人等関係者に確認する必要があります。すなわち、登記記録上あるいは書面上は被相続人名義になっていたとしても、何らかの事情で生前贈与や生前売買等による所有権移転登記がなされないまま放置されている場合は、実体上は被相続人の所有ではないことになり、そのような場合は相続による移転登記ではなく、実体の権利変動に応じて懈怠されている登記を行っていく必要があるからです。

　また、登記記録上被相続人名義になっていない不動産であっても、被相続人が相続で承継しているあるいは被相続人が相続によって承継する権利のある不動産が存在する可能性もあります。このような不動産がないか、相続人等関係者に対する聴取や過去の遺産分割協議書の有無の調査、過去の相続税申告書の調査を行う必要がある場合もあります。このような不動産は依頼者から積極的に説明、相談がある場合もありますが、そうでない場合も多々あります。このような不動産がないかどうか、相続人等関係者に積極的に聴取し、発見に努めるよう日頃から意識しておくことが肝要です。

（3）　権利阻害事項の現況の確認 ■■■■■■■■■■■■■■■■■■■

　相続登記対象不動産の登記記録を確認した結果、売買予約や代物弁済予約契約に基づく所有権移転請求権仮登記がなされていたり、古い抵当権若しくは根抵当権等の担保権が設定されたままになっている場合があります。このような登記が残っていることが確認できたら、売買予約や代物弁済予約契約が今も効力を保持しているのかどうか、抵当権や根抵当権の担保効力がまだ残っているのかを確認し、それらの権利が実体上も有効かどうかを確認する必要があります。具体的には、相続人等関係者への聴取、契約書等関係資料の確認を行うことによって検討することになります。併せて、売買予約権者、代物弁済予約権者や担保権者が現状存在するのかどうかも確認が必要です。

　確認の結果、そのような権利が既に失効、消滅している場合は、相続による所有権移転登記に併せて、当該権利に基づく登記の抹消登記も行うように差配するべきです。

第3章　相続内容の確認　　91

$$\boxed{ケーススタディ}$$

Q　相続登記の依頼を受け、対象不動産の登記記録を確認したところ、次のような内容の古い抵当権が設定されたままになっていました。依頼者に確認したところ、被相続人が過去に借金をしたというようなことは聞いておらず、債権者からの請求もずっと来ていないとのことで、ゆくゆくは相続した不動産を売却したいので、その抵当権は抹消してもらいたいとのことでした。どのように手続を進めたらよいでしょうか。

（抵当権の内容）

　　昭和45年3月31日金銭消費貸借同日設定

　　債 権 額　金100万円

　　利　　息　年5分

　　債 務 者　被相続人

　　抵当権者　第三者個人

A　本ケースの抵当権は、個人を債権者とする金銭消費貸借契約に基づく債権が被担保債権となって設定された抵当権であることが登記記録上分かります。依頼者の話によれば、債権者からの請求はずっと来ていないとのことですので、被担保債権の時効消滅に基づく抵当権の抹消登記を検討することになります。

　個人間の金銭消費貸借に基づく債権の時効は、当該債権の権利を行使することができる時から10年を経過することで成立します（民166・167）。

　債権の権利を行使することができる時とは、弁済期の定めがある場合はその弁済期になり、時効の起算点となります。対して、弁済期の定めのない場合は金銭消費貸借の成立時が時効の起算点となります（大判昭17・11・19民集21・1075）。

　債権の弁済期は昭和39年の不動産登記法施行細則の改正により、それまでは登記事項とされていましたが、それ以降は、抵当証券発行の場合を除いて登記事項ではなくなったため、本ケースでは債権の弁済期がいつかは登記事項からは判明しないことになります。

　したがって、被相続人の遺産の中から当時の金銭消費貸借契約書が発見できれば当該契約書の内容を確認して時効起算点を検討することになります。当時の契約書が発見できない場合は、とりあえず弁済期の定めはないものとして債権成立日を時効起算点とし、時効の援用をすることになります。

また、本ケースでは抵当権者すなわち債権者が個人であるため、当該個人について調査する必要があります。当該個人が生存していれば当人に、死亡していればその相続人に対して時効を援用することになります。

本ケースの案件処理の概要としては、①当時の金銭消費貸借契約書の調査、②抵当権者の調査、③抵当権者若しくはその承継人に対して債務者相続人から時効の援用、④被担保債権の時効消滅を原因として抵当権抹消登記申請となります。

抵当権者若しくはその承継人が抵当権抹消登記手続に協力しない場合は、不動産所有者からそれらの者に対して抵当権抹消登記請求訴訟を提起し、判決を取得することによって所有者からの単独申請を行うことになります。

補助者業務のポイント

○登記記録上の情報や書面上の情報と実体上の権利関係が一致していない場合

　登記記録上の情報や書面上の情報と実体上の権利関係が一致していない場合に、その事実についての情報共有を十分に行わないまま、処理を進めてしまうと、後になってから進めていた書類作成や資料収集の方針を変更しなければならないというような状況に陥ってしまうことがあります。

　資格者と協力して案件を処理するに当たっては、登記記録上若しくは書面上の情報内容だけでなく、実体上の権利関係まで相互に十分に情報共有し、処理の途中で方針変更や資料の追加収集等で余計な時間をかけて依頼者に迷惑を被らせるようなことがないように差配するよう心がけましょう。

第3章　相続内容の確認　　93

第3　遺産分割方法を確認し決定する

＜フローチャート～遺産分割方法の確認・決定＞

1 遺産分割方法の確認
- （1）　遺産分割協議の当事者の確認
- （2）　当事者間に争いがないかの確認
- （3）　どのように分けるかの確認

補助者業務のポイント
手続全体の流れの共有

2 遺産分割方法の決定
- （1）　遺産分割協議
- （2）　遺産分割協議書の作成

補助者業務のポイント
依頼者に合わせた対応

94 第3章 相続内容の確認

1 遺産分割方法の確認

（1） 遺産分割協議の当事者の確認

　遺産分割協議に参加するために特別な手続が必要な相続人や、相続人ではなくても参加すべき者がいないかを確認をします。

（2） 当事者間に争いがないかの確認

　遺産分割協議の成立には、当事者全員の合意が必要になりますが、当事者間に争いがある場合には調停等による成立を目指すことになります。

（3） どのように分けるかの確認

　協議による遺産の分割方法には、現物分割・代償分割・換価分割・共有分割の4つの方法があります。

（1） 遺産分割協議の当事者の確認 ■■■■■■■■■■■■■■■■■■■

　遺産分割協議は共同相続人全員で行います。1人でも欠けてしまえば成立しません。その相続人の中に未成年者や認知症になった者などがいる場合には、協議を行う前に特別な手続が必要となります。以下では、そのような特別な手続が必要となる相続人など遺産分割協議に参加すべき者について説明します。

　なお、相続放棄をした者は、初めから相続人ではなかったことになりますので、遺産分割協議に参加することはできません。

① 未成年者

　未成年者が共同相続人の1人であるときは、その法定代理人（親権者又は未成年後見人）が未成年者を代理して遺産分割協議に参加します。ただし、未成年者と共にその親権者も共同相続人である場合には、遺産分割協議の当事者同士になりますのでお互いの利害が相反することから親権者の親権が制限され、代わりに代理人となるべき特別代理人を家庭裁判所で選任しなければなりません。たとえ親権者が法定相続分のみの取得、又は一切の遺産を取得しない旨の遺産分割協議を行うことになっても、特別代理人の選任は必要です。特別代理人の選任手続は、親権者が、未成年者の住所地を管轄する家庭裁判所に対する申立てにより行います。申立時には特別代理人の候補者を示すことができ、実務では相続人ではない他の親族を候補者とすることが多いでしょう。

第3章　相続内容の確認　　95

　なお、親権者があらかじめ相続放棄をしている場合は、その親権者は初めから相続人ではなかったことになりますので、相続人である未成年者を代理して遺産分割協議に参加することは可能です。しかし、その親権者が共同相続人である数人の未成年者を代理して遺産分割協議をするときは、その行為は利益相反行為に該当しますので、親権者が代理をする未成年者以外の未成年者1人ごとに異なる特別代理人の選任が必要になります。

　また、平成30年6月13日に成立した成年年齢の引下げ等に関する民法の一部を改正する法律により、令和4年4月1日からの新民法施行後は、民法上成年に達する年齢が18歳に引き下げられますので、この点について留意が必要です。

② 成年被後見人

　共同相続人の中に認知症などにより判断能力を欠く者がいる場合は、本人を代理して遺産分割協議に参加する者として成年後見人を選任しなければなりません。成年後見人は民法で定められた請求権者の申立てにより、本人の住所地を管轄する家庭裁判所が選任することになります（民843）。申立時に成年後見人として本人の親族などを候補者とすることはできますが、必ずしも候補者が選任されるとは限りません。弁護士や司法書士などの専門家が成年後見人として選任される場合があります。

　本人と共に成年後見人も共同相続人である場合については、未成年者の場合と同様、両者は利益相反関係となるため、特別代理人の選任をして、その特別代理人が本人の代理人として遺産分割協議に参加することになります。

　なお、民法847条において、未成年者は後見人になることができないとされていますが、令和4年4月1日からの新民法施行後は18歳、19歳の者も後見人になることが可能となります。

③ 不在者財産管理人

　行方不明などで容易に帰ってくる見込みのない相続人については、不在者財産管理人を選任し、本人の代わりに不在者財産管理人が、家庭裁判所の許可を得て遺産分割協議に参加することになります。不在者財産管理人の選任は、利害関係人が、本人の最後の住所を管轄する家庭裁判所へ申立てをして行います（民25）。

④ 包括受遺者

　生前に被相続人が作成した遺言書により、包括的に相続財産の遺贈を受けた者（包括受遺者）は、相続人と同一の権利義務を有するため（民990）、遺産分割協議の当事者となります。包括受遺者が参加していない遺産分割協議は無効です。

なお、相続財産に対する割合を指定してする包括遺贈と違い、特定の相続財産を指定してする特定遺贈を受けた者（特定受遺者）は、遺産分割協議の当事者にはなりません。

⑤　相続分を譲り受けた者

共同相続人は、相続開始時から遺産分割までの間に、自己の相続分を他の共同相続人又は第三者へ譲渡することができます（平4・3・18民三1404）。ここでいう相続分とは、遺産分割前において共同相続人が有する包括的持分あるいは法律上の地位を意味するものと解されており、その相続分を譲り受けた第三者は、他の共同相続人から取戻権の行使を受けない限り、遺産分割協議の当事者となります。なお、自己の全ての相続分を譲り渡した相続人は、遺産分割協議の当事者から離脱します。

⑥　破産管財人

共同相続人の1人が相続開始後に破産手続開始の決定を受けたときは、その破産者たる相続人は遺産分割協議に参加することはできません。なぜなら、破産者は、破産手続開始時に有する財産に対する管理処分権を失うため、既に相続が開始している場合は相続財産の持分権に対する管理処分権も有しないことになるからです。この場合、破産者たる相続人の破産管財人が、裁判所の許可を得て遺産分割協議の当事者として参加することになります。

⑦　遺言執行者

遺言執行者には、相続財産の管理その他遺言の執行に必要な一切の行為をする権利義務があり、相続人は、遺言執行者がある場合には、相続財産の処分その他遺言の執行を妨げるべき行為をすることができない（民1013）とされています。そのため、遺言執行者は、遺産分割協議の当事者ではありませんが、遺言執行に必要な限度で、利害関係人として遺産分割協議に参加することができます。

(2)　当事者間に争いがないかの確認 ■■■■■■■■■■■■■■■

遺産分割協議は任意代理人により行うことも可能です。共同相続人間でお互いの意見が合わず、なかなか遺産分割協議の内容が固まりそうにない場合には、弁護士などの代理人に交渉を依頼することも検討しましょう。そして、どうしても遺産分割協議が調わないとき、又は協議をすることができないときは、各共同相続人は、家庭裁判所に対して分割を請求することができるとされており、調停における話合いや、家庭裁判所の分割審判による成立を目指すことになります。

なお、遺産分割の調停が成立したときは、その時点で相続財産の帰属は確定するた

め、遺産分割調停の成立後に、その調停の内容と異なる内容の遺産分割協議を相続人の間で行うことはできません（昭29・12・27民事甲2759）。

(3) どのように分けるかの確認 ■■■■■■■■■■■■■■■■■■■■■

　遺産分割は、被相続人が遺言書において遺産分割の方法を定めていた場合には、共同相続人はその内容に従って行うことになります（指定分割（民908））。そして、遺言による指定がない場合は、共同相続人全員で行う協議により遺産分割方法を決めることになります（協議分割（民907））。共同相続人全員で合意した分割方法は、私的自治の原則の観点から、基本的には共同相続人全員の合意に基づく限りどのような内容であっても有効ではありますが、民法906条では「遺産の分割は、遺産に属する物又は権利の種類及び性質、各相続人の年齢、職業、心身の状態及び生活の状況その他一切の事情を考慮してこれをする」との遺産分割の基準が定められています。なお、遺産分割協議の対象となる相続において相続税が発生する場合は、相続税の申告・納税や二次相続までも考慮して分割する方が好ましいですので、税理士などに相談してから協議を進めるようにしましょう。

　では、誰がどの遺産を取得するのかという遺産の分割方法には、具体的にどのような方法があるのでしょうか。以下では、具体的な分割方法を説明します。

① 現物分割

　現物分割とは、遺産を現物のまま分割する方法です。例えば、「不動産はAが、預貯金はBが取得する。」「甲土地はAが、乙土地はBが取得する。」のような内容で合意した場合です。財産の形状や性質を変更することなく分割できることから、遺産分割の原則となる分割方法とされています。ただし、相続人2人で唯一の遺産である甲土地を分筆した上で、分筆後の土地2筆をそれぞれが単独で取得するものと合意する場合も、現物分割といえます。なお、現物分割を採る場合のリスクとしては、各相続財産の評価額について相続人間で意見が割れる場合には、遺産分割協議がまとまらない可能性が考えられます。

② 代償分割

　株式や工場用地等の事業用資産がある場合など、相続人間で細分化することが好ましくない相続財産について、特定の相続人が現物のまま承継し、その代償として他の相続人に代償金を支払うという分割方法を、代償分割といいます。代償分割は、資産を換価する必要がないため、買い手のつきにくい財産でも分割できるというメリットがある一方、代償財産を取得した相続人にすぐに代償金を支払うことのでき

る資力がなければできないというデメリットもあります。また、代償金の支払や代償財産を譲渡する際に税金の問題が生じる可能性がありますので、税理士などの税の専門家に相談した上で慎重に行うべきです。

③　換価分割

換価分割は、遺産を売却するなどして換価し、その代金を分割する方法です。上記②の代償分割でも、遺産を売却して換価し、それを代償金とすることもできますが、代償分割が遺産を一旦分割取得してから売却するのに対し、換価分割は未分割のまま売却して換価する点が異なります。また、換価分割を選択する際には、対象財産が買い手のつきそうな財産なのか、相続税だけではなく譲渡所得税や仲介手数料などのコストが発生する場合に相続人全員が納得できるのかという点に注意が必要です。

④　共有分割

遺産の全部又は一部について、具体的相続分に従って相続人の全員又は一部の共有とする分割方法を共有分割といいます。例えば、「甲土地を相続人Ａと相続人Ｂが持分2分の1ずつ取得する」といった内容で合意した場合です。

アドバイス

○共同相続の効力と遺産分割

遺産分割は、遺産を構成する財産を分割して、各相続人が個別的に取得するための手続です。そのため、相続の発生により、当然に各相続人にその相続分に応じて帰属する遺産については、遺産分割を経る余地はないということになります。

具体的には、金銭債権・債務等の可分債権・債務が該当します（ただし、預貯金債権は除きます。）。つまり、貸金債権等の金銭債権については、各相続人は遺産分割を経ることなく、法定相続分に応じて個別にその権利を主張することができるのです。相続開始から遺産分割までに生じた賃料債権についても、各共同相続人がその相続分に応じて可分債権として確定的に取得するとされています（最判平17・9・8判時1913・62）。

一方、不可分債権・債務、不動産や動産については、相続の開始により共同相続人の共有財産となり、各相続人はその遺産の上に法定相続分に応じた持分権を取得するにすぎず、遺産分割をするまで相続人に分割帰属することはありません。また、債務については、共同相続人中の1人が相続債務の全額を負担する旨の遺産分割がなされた場合であっても、その同意は相続人間においては有効ではあるものの、債権者との関係では一種の免責的債務引受となることから、その債権者の承諾なくして対抗することはできず、依然として債権者は各共同相続人に対して法定相続分に応じた債務の履行を請求することができるものと解されています。

第3章　相続内容の確認　　99

　　相続財産である現金についても、金銭債権と同様に、相続開始により各共同相続人に
個別的に帰属するものとして、各相続人がその権利を主張することができるのかについ
て、判例は、相続人は、遺産分割までの間は、現金を相続財産として保管している他の
相続人に対して、自己の相続分に相当する現金の支払を請求することができないとして
います（最判平4・4・10判時1421・77）。つまり、自己の相続分に相当する現金を実際に取得
するためには、相続人全員による遺産分割を経なければならないということになります。

○**預貯金債権に関する最高裁決定と相続法改正**

　　可分債権は相続開始と同時に各相続人に法定相続分に応じて個別的に帰属するため、
遺産分割協議の対象とはなりません。預貯金債権も可分であるという性質から、従来は、
預貯金債権も遺産分割の対象ではありませんでした。協議を経なくても、相続人であれ
ば当然に、金融機関の被相続人名義の口座から自分の法定相続分に相当する金額の預貯
金を引き出すことができていました。

　　しかし、平成28年12月19日、最高裁は従来の判例の考えを覆し、預貯金債権は従来の
判例でいうところの可分債権ではないとして、遺産分割の対象とするとの決定を下しま
した（最決平28・12・19判時2333・68）。つまり、相続人全員で行う遺産分割協議が調わない
限り、相続財産である預貯金を引き出せず、長期間その預貯金が塩漬けになる可能性が
あることになります。特に葬儀費用や未払医療費など、遺産分割前に相続財産である預
貯金から早めに済ませておきたい支払があったとしても、共同相続人全員の同意を得な
い限り、支払いたくても支払えないという困った状況になることも考えられます。

　　そこで、平成30年7月の相続法改正では、そのような不都合を解消するための制度が設
けられました。民法909条の2〔令和元年7月1日施行〕では、遺産分割前でも預貯金債権の
行使を認めるため、遺産に属する預貯金債権のうち相続開始時の預貯金債権額の3分の1
に権利行使をする相続人の法定相続分を乗じた額については、金融機関に対して単独で
払戻しを求めることができることとしました。ただし、標準的な当面の必要生計費、平
均的な葬式の費用の額その他の事情を勘案して預貯金債権の債務者ごとに法務省令で定
める額（金150万円）を限度としています（民法第909条の2に規定する法務省令で定める額を定め
る省令）。なお、権利行使をした預貯金債権については、その相続人が一部分割により取
得したものとみなすとされていますので、その預貯金債権は相続財産から離脱すること
になります。

○**配偶者居住権～相続法改正による配偶者保護と遺産分割～**

　　近年、日本は世界でもまれにみるスピードで高齢化が進み、それに従い相続人となる
配偶者の年齢も高齢化しています。高齢になればなるほど働くことは難しくなるので、
生存配偶者は生活を遺産に頼らざるを得なくなります。そこで、平成30年7月の相続法
改正では、相続人となる配偶者の生活保障を目的とした改正がいくつか行われました。

　　その中でも、改正民法1028条〔令和2年4月1日施行〕の新設は、配偶者に新たな権利（「配

偶者居住権」）を認めることで新たな遺産分割の選択肢を与えた改正であるとされています。配偶者居住権とは、被相続人の配偶者が被相続人の財産に属した建物に相続開始の時に居住していた場合に、①遺産分割により配偶者がその配偶者居住権を取得するものとされたとき、又は、②配偶者居住権が配偶者に対する遺贈の目的とされたときに限り、終身又は一定期間、配偶者に従前の用法に従った建物の使用を認めることを内容とする権利です（改正民1028）。

　配偶者居住権には財産的価値があるとされ、居住建物の価値を「配偶者居住権」と「負担付所有権」に分けて、それぞれ別の相続人が取得することができます。そのため、遺産である1つの居住建物について、配偶者居住権は配偶者が、負担付所有権は他の相続人が取得するという、今までになかった方法で遺産分割を行えるようになりました。また、遺産分割又は遺贈により相続人である配偶者が居住建物の配偶者居住権を取得した場合は、所有権をまるごと取得した場合に比べて安価な財産を取得したことになりますので、配偶者はその分預貯金など他の遺産を多く取得することができるようになりました。配偶者居住権は、生存配偶者にとって、居住権を確保しながら、より多くの老後の生活資金を獲得できるような新しい権利として期待されているのです。

　相続開始により、配偶者居住権を取得した配偶者は、居住建物の所有者（他の相続人）に対して配偶者居住権の設定登記を請求する権利を取得します（改正民1031①）。配偶者居住権は、賃借権のように建物を占有していること自体は対抗要件となりませんので、登記を具備して初めて、第三者に対して権利を対抗できることになります。登記手続は、配偶者を権利者、居住建物の所有者を義務者として、共同申請により行います。なお、配偶者居住権の設定登記を申請するには、前提として居住建物を相続した者を登記名義人にしておくため、相続登記（相続を原因とする所有権移転登記）を事前又は同時に済ませておく必要があります。

$$\boxed{\text{ケーススタディ}}$$

【ケース1】

Ｑ　亡父の遺産分割協議が成立した後に、父に隠し子がいたことが判明しました。この場合、既に成立したはずの遺産分割協議は無効になるのでしょうか。

Ａ　先述したように、相続人の一部を欠いて行われた遺産分割協議は無効ですので、協議に参加しなかった相続人は再分割を請求することができます。ただし、参加

第3章　相続内容の確認　　101

しなかった者が被相続人の嫡出でない子であるときは、父子関係を発生させる認知の遡及効が制限されることから、再分割請求ができる場合が限られます。

　まず、嫡出でない子と父親の父子関係は認知によって発生しますので、たとえ血縁関係があったとしても、父親から認知がされていない子はもちろん相続人にはなれません。また、認知された子の中でも、認知の訴え（民787）により相続開始後に認知された子は、相続人となることに間違いありませんが、自己の相続分に応じた価格のみによる支払請求権を有するにとどまるとされており（民910）、再分割の請求をすることはできません。嫡出でない子の中で生前に認知された子が存在していた場合には、当該嫡出でない子が不参加のままなされた遺産分割協議は無効となり、再分割請求の対象となります。

【ケース2】

Q　私の息子が、身重の嫁を残して他界しました。息子夫婦には他に子どもはいません。この場合、遺産分割協議の当事者は誰になるのでしょうか。

A　民法では、「私権の享有は、出生に始まる」（民3①）とされていますので、原則として人は出生しなければ権利義務を保有することはできません。ただし、例外的に「胎児は、相続については、既に生まれたものとみなす。」（民886①）と民法に定められていることから、出生前の胎児は相続人になります。ただし、万一その胎児が死産であった場合は、民法886条1項の規定は適用されず、初めから相続人でなかったことになります。

　今回のケースに当てはめると、胎児が無事に出生した場合は配偶者と子が相続人となり、死産であった場合は配偶者と直系尊属である両親が相続人となるため、無事に出生したか否かで遺産分割の当事者が異なってきます。そのため、胎児が出生することを前提に遺産分割協議を行っても、万一死産であった場合は改めて遺産分割協議をしなければならず、当初の遺産分割協議に基づいて行った取引等の相手方に不測の損害を与えてしまったり、トラブルの元になるおそれもあります。そのため、相続開始時に胎児がいることが判明しているのであれば、おおよその生まれる時期も分かりますので、無事に生まれるのを待ってから遺産分割協議を行うということも考えられます。

第3章　相続内容の確認

【ケース3】

Q 遺産分割協議は、全ての相続財産について行わなければならないのですか。

A 民法907条1項〔令和元年7月1日施行〕では、相続人間で合意ができている財産についてだけ先に分割をしておきたい場合などに、相続人間で一部の財産についてのみ先行して分割する旨の合意をすることが認められています。これを「一部分割」といいます。また、相続法改正では、共同相続人間に協議が調わないとき、又は協議をすることができないときは、各共同相続人が家庭裁判所に対し一部分割の請求ができる旨の規定が新たに設けられました（民907②〔令和元年7月1日施行〕）。

　　ただし、一部分割が認められているとはいえ、いつまでも相続財産を共同相続人の暫定的な共有状態で放置しておくことは好ましくありませんので、なるべく早く残余財産の遺産分割を行い、全ての相続財産の権利関係を確定させるべきです。

　　一部分割を行うに当たって重要なのが、一部分割の遺産分割協議書の中に、「一部分割である旨」を記載しておくことと、「先に行う一部分割の内容が、後に行われる残余財産の遺産分割にどのように影響を及ぼすのか」という点についてもしっかりと相続人間で合意し、明記しておくことです。「どのように影響を及ぼすのか」というのは、具体的には、①「一部分割の内容は残余財産の遺産分割に影響を及ぼさず、残余財産の遺産分割は別個独立に行うこと」とするのか、②「残余財産の遺産分割を行う際には、先行する一部分割も含めた相続財産全体を再調整して分割すること」とするのか、ということです。これは、上記①と②では最終的に各相続人の取得する具体的相続分が異なってきますので、一部分割の際に、相続人間であらかじめ①②いずれの方法を採るのか明確に合意しておかないと、いざ残余財産の遺産分割をするときに、相続人間で揉めてしまう可能性を残すことになるからです。また、一部分割を採用するということは、最低でも一部分割の遺産分割協議書と残余財産の遺産分割協議書の2通を作成することになりますので、遺産分割協議書が複数になることで紛失などのリスクも高まることにも注意が必要です。

第3章　相続内容の確認　103

【ケース4】

Q 1人息子の私Bと母Aで、亡父名義の自宅の土地・建物について遺産分割協議をします。不動産の遺産分割をする際のポイントを教えてください。

A 遺産分割の分割方法は個々の遺産を特定の相続人1人が取得する現物分割が基本であり、それは不動産についても同じです。特に、共同相続人が兄弟姉妹である場合は、不動産を共有名義で相続することは避けるべきです。共有名義の不動産は、共有者全員の意思が合致しなければ賃貸や売却などの有効活用ができないところ、兄弟姉妹は分割協議を行った当時は仲が良くても、それぞれ結婚し家庭ができるなどして環境が変化するうちに、関係が悪化することも少なくないからです。また、万一、共有者である兄弟姉妹の1人に相続が発生してしまうと、その相続人である甥や姪の同意も得なければ、不動産を動かすことができなくなってしまいます。

　共同相続人が不動産を共有で相続（共有分割）する場合として適当なのは、近い将来売却を予定していて、売却代金を共同相続人間で分配したい場合などということになるでしょう。また、相続税が発生する場合には、その不動産を物納するためにあえて共有分割することもあります。その場合は、必ず税理士などの専門家へ相談しましょう。

　また、今回のケースのように、土地とその上の建物について遺産分割をする場合には、相続によってその土地・建物の名義人になる者は同じ相続人であるべきです。通常は、建物を取り壊したりしない限り、土地とその上の建物はセットでなければ売却処分できませんので、土地と建物を別々の相続人が取得した場合には、不動産を共有分割する場合と同様に、どちらか1人が反対をすると不動産の処分や有効活用ができなくなります。また、このような場合、建物の相続人が土地の相続人に対して借地権を取得する賃貸借関係になりますが、建物の相続人は、せっかく遺産分割で居住建物を取得したにもかかわらず、賃料を支払えないことが原因で住み続けられなくなるという事態も起こり得ます。

　なお、遺産分割協議の前提は相続人が複数であることですので、仮に今回のケースで亡父名義の不動産について遺産分割をしないでいるうちに母の相続も発生してしまった場合には、その不動産については遺産分割をする余地がなくなることに注意が必要です。この場合、亡父名義の不動産は、直接息子B名義に相続登記をすることはできず、一旦父の相続を原因として法定相続分に相当する各2分

の1の持分でＡ、Ｂの共有名義に相続登記をした後、母Ａの相続を原因としてＢへのＡ持分全部移転登記を申請することになります。

【ケース5】

Q 共同相続人の1人が、遺産分割前にまだ凍結していない被相続人の口座から勝手にキャッシュカードで預金を引き出してしまいました。この場合、遺産分割協議の対象となる遺産の範囲はどうなるのでしょうか。

A 最高裁平成28年12月19日決定（判時2333・68）により、預貯金債権が遺産分割協議の対象であるとの判断が示されたことで、相続人の1人が遺産分割前にキャッシュカードを用いて、口座が凍結されてしまう前に預貯金を引き出してしまうことが考えられます。葬儀費用など使途のはっきりした支払については他の相続人からも理解を得やすいかもしれませんが、使途不明金や法定相続分を超える引出しであった場合には、相続人間で問題となる可能性が高くなるでしょう。

従来より、相続開始により共同相続人の共有状態となった遺産については、各相続人はその法定相続分に応じた持分権を取得し、その範囲内で処分をすることは禁止されていません。自己の法定相続分の範囲内での処分である以上、不法行為や不当利得も発生しませんので、他の相続人が損害賠償請求権や不当利得返還請求権を主張することは困難であるとの考えが有力です。

一方で、遺産分割前に法定相続分を超過して処分を行った場合は、無権利者による処分となります。そのため、その超過部分については権利移転の効力が発生しませんので、超過部分に相当する遺産は依然逸出していないものとして遺産分割できると考えられます。ただし、動産であれば即時取得（民192）が、預貯金であれば準占有者に対する弁済（民478）が成立することにより、超過部分が遺産から逸出してしまう可能性もあります。現に、口座凍結前のキャッシュカードによる預貯金の払戻しは、準占有者に対する弁済の成立が極めて認められやすいケースであるといわざるを得ません（もちろん超過部分の処分については不法行為や不当利得は成立しますが、金融機関に対して請求することはできなくなってしまいます。）。

そこで、平成30年7月の相続法改正では、このような可能性を考慮し、遺産分割前に遺産に属する財産が処分された場合の遺産の範囲に関する規定（民906の2〔令和元年7月1日施行〕）が新設されました。内容としては、遺産分割前に遺産に属する財産が処分された場合であっても、その財産については、共同相続人全員の同意

第3章　相続内容の確認　　105

により、遺産分割時においてもまだ遺産の中に存在するものとみなすことができる、というものです。さらに、他の相続人を裏切って勝手に遺産を処分した場合などは、その相続人の同意を得ることが期待できないので、その相続人を除く相続人全員の同意で足りることとされました。

　よって、今回のケースのように遺産分割前に被相続人の口座からキャッシュカードで預貯金を引き出した場合は、その引き出した金額についてはまだ遺産として存在するものとみなし、その金額を含む遺産について遺産分割協議を行うことができます。そして、仮に共同相続人の1人が法定相続分を超えた金額を引き出していた場合には、その相続人は遺産分割によって取得すべき遺産はなく、逆に他の相続人に対して代償金を支払うことを内容とする遺産分割協議を行うことで、利害の調整を図ることになるでしょう。

補助者業務のポイント

○手続全体の流れの共有

　資格者と補助者が相続手続を進めていく上で重要なのは、手続全体の流れを共有することです。手続全体を俯瞰しながら連携して進めていくことが大切です。

　遺産分割の内容について相続人間で合意がまとまり、その相続手続を受任したら、まずは資格者と補助者の間で、戸籍謄本（全部事項証明書）等の資料収集から依頼者に完了書類を引き渡して終了するまでの手続全体の流れを確認し合いましょう。特に、実務上手続を進めていく上で相続人間で合意した事項に漏れがないかを慎重に確認します。例えば、預貯金を共同相続人間で等分に分割する場合に、預貯金の金額が共同相続人の人数で割り切れない数字であるときには、1円未満の金額をどの相続人に分配するのか当事者で合意しておく必要があります。さらに、預貯金の解約手続も必要な場合には、解約した預貯金を、相続人のどの口座へ送金すべきなのかの確認も必要になります。

---

2 遺産分割方法の決定

(1) 遺産分割協議

　遺産分割協議を行うに当たり、時期に制限はありませんし、必ずしも相

続人全員が一堂に会する必要もありません。

(2) 遺産分割協議書の作成

遺産分割協議書には特に決まった書式や形式はありませんが、その後の相続手続のことを考えて記載すべきとされている事項を内容として作成します。

(1) 遺産分割協議

民法の規定では、共同相続人は、被相続人が遺言で遺産分割を禁止していた場合を除き、いつでも、その協議で遺産を分割することができる（民907①）とされていますので、遺産分割協議を行う時期に制限はありません。

ただし、いくら相続財産が相続開始と同時に共同相続人の共有状態になるといっても、相続の暫定的な効果によるものですので、遺産分割をしないままにしていては権利関係を不安定な状況のまま放置することになってしまいます。少なくとも、法定相続分を超える権利については、遺産分割を経て個別具体的に取得しない限り、確定的に主張することはできませんし、相続財産にも即時取得や取得時効は成立しますので、結果的に相続財産から離脱して遺産分割ができなくなってしまう可能性もあります。また近年の特徴として、加速度的な少子高齢化に伴い相続人も高齢化していることから、遺産分割をしないでいるうちに二次相続が発生してしまい、遺産分割協議の当事者が増えることで、遺産分割協議がまとまりにくくなる事態も増えています。

以上のことから、遺産分割協議は、なるべく早いうちに行うべきであるといえるでしょう。

なお、遺産分割協議は共同相続人の全員で行うことを要しますが、必ずしも一堂に会する必要はありません。例えば、遺産分割の内容が確定しており、その内容が各相続人に提示され、共同相続人全員の合意が成立するものであれば、一部の相続人が作成した遺産分割協議書を格別に承認したり、持ち回りで承認しても、有効な遺産分割協議になります（東京高判昭54・11・29判タ408・88）。

(2) 遺産分割協議書の作成

遺産分割協議は当事者の合意のみで成立するものですので、必ずしも書面に残さなければならないわけではありませんが、一度成立した遺産分割協議が一部の相続人に

第3章　相続内容の確認　　107

よって蒸し返されるなどの不安要素をなるべく排除し、平和的に相続手続を終えられるように、遺産分割協議書は作成しておくべきでしょう。また、遺産分割協議に基づいて不動産の相続登記を申請する際には、遺産分割協議書が登記申請書の添付情報になりますので、作成する必要があります。

遺産分割協議書は、遺産分割の内容や協議の成立が確認できれば、書式や形式に特に決まりはありません。一般的には、①被相続人の表示（氏名・本籍・死亡年月日）、②相続人の表示（氏名）、③相続人全員の合意により遺産分割協議が成立した旨、④遺産分割の内容（財産の特定・その財産を取得する相続人の特定など）、⑤遺産分割協議の日付、⑥相続人全員の住所、署名及び実印による押印、を内容とします。

なお、上記④の財産の特定としては、土地については、所在・地番・地目・地積、建物については、所在地・家屋番号・種類・構造・床面積、預貯金については、金融機関名・支店名・種類・口座番号など、客観的にその相続財産が特定できるように明記します。また、相続財産の種類が多い場合などには、相続財産目録を別紙として作成し、目録上の番号で指定するなどして目録の内容を引用した形で作成することもできます。通常は、遺産分割協議の後に不動産の相続登記手続や預貯金の相続手続が控えていますので、その手続が問題なく行えるような記載がきちんとなされているか留意しなければなりません。あらかじめ遺産分割協議書を作成する前に、手続を予定している各機関へ記載方法を確認しておくのもよいでしょう。なお、登記手続や預貯金の相続手続などでは、遺産分割協議が真正に成立したことを証する資料として相続人全員の印鑑登録証明書の提出も求められますので、合綴するなどして遺産分割協議書と印鑑登録証明書を一緒に保管することをおすすめします。

また、各機関での相続手続の際に、その手続に関係のない相続財産の内容まで他人に見られてしまうことを敬遠する場合は、不動産のみの遺産分割協議書、預貯金のみの遺産分割協議書、有価証券のみの遺産分割協議書など、各機関において必要な財産ごとに複数の遺産分割協議書を作成することも可能です。ただし、遺産分割協議書が複数になるということは、管理が難しくなって紛失してしまうリスクや、それが基で相続人間に無用なトラブルが発生する可能性もありますので、各相続人の了解を得た上で、十分に注意して作成・管理しましょう。

【参考書式9】　遺産分割協議書
【参考書式10】　遺産分割協議書（特別代理人との間で合意する場合）
【参考書式11】　遺産分割協議書（数次相続の場合）

108　　　第3章　相続内容の確認

$$\boxed{\text{アドバイス}}$$

○法定相続分を超える部分の登記

　　平成30年の相続法改正により、「相続による権利の承継は、遺産の分割によるものかどうかにかかわらず、……（法定）相続分を超える部分については、登記、登録その他の対抗要件を備えなければ、第三者に対抗することができない。」（民899の2〔令和元年7月1日施行〕）との規定が新設されました。

　　遺産分割により法定相続分を超える割合の不動産を取得した相続人は、従来より登記なくしてその超過部分を第三者に対抗できないとされていましたが、今回の改正では、その対象外だった遺言（相続させる旨の遺言・相続分の指定）により相続人が超過部分を取得した場合にも、第三者対抗要件として登記が必要となりました。

　　これにより、たとえ遺言で法定相続分と異なる指定がなされていたとしても、相続人がその相続登記をしないでいるうちに、被相続人の債権者が法定相続分に従った相続登記をした上で、各相続人の共有持分を差押え等した場合には、相続人は法定相続分を超える割合の不動産について対抗できないということになります。

　　特に、相続分の指定がなされていた場合は、相続登記をするためには更に具体的な帰属を遺産分割協議で決定する必要があるため、協議が調わない等により、対抗要件を迅速に具備することが困難になる可能性があります。

　　そのため、相続開始後に遺言書が発見された場合は、今まで以上に遺産分割や相続登記の手続を速やかに進めなければならないケースもあるでしょう。また、遺言書を作成する際に、被相続人に債権者が存在するという場合には、対抗関係で相続人が劣後する可能性をなるべく低くしておくために、相続分の指定ではなく、特定の不動産を特定の相続人へ相続させる内容で作成することも検討すべきでしょう。

$$\boxed{\text{ケーススタディ}}$$

【ケース1】

$\boxed{\text{Q}}$　亡父が作成した遺言書に、「甲土地は兄に相続させる」とあるのですが、遺産分割協議で別の相続人へ取得させることはできますか。

$\boxed{\text{A}}$　相続財産中「特定の財産」を特定の相続人に相続させる旨の遺言を「相続させる旨の遺言」といいます。今回のケースも「相続させる旨の遺言」に当たります。
　　「相続させる旨の遺言」は、遺産分割の方法を定めた遺言であるとされており（民908）、相続による承継をその相続人の受諾の意思表示にかからせたなどの特段の事情のない限り、相続開始により当然に、相続人がその特定の財産を物権的に承継

第3章　相続内容の確認　109

します（最判平3・4・19判時1384・24）。つまり、「相続させる旨の遺言」がある場合、その特定の財産は相続開始と同時にその相続人の固有財産となるため、遺産分割を行う余地はなく、遺言書の内容と異なる遺産分割協議を行うことはできません。

　以上のことから、特定の不動産について「相続させる旨の遺言」がある場合に、その内容と異なる結果を得るには、遺言書の内容に従った権利移転の効果が既に生じていることを前提に、新たに当事者間で贈与や共有物分割などの合意を行うしか方法はありません。登記手続においても、一旦遺言書どおりの相続登記を行った上で、贈与などを原因とする所有権（持分）移転登記を行うことになります。

【ケース2】

Q　事業継続のため、亡父の相続財産の一部である事業用財産については分割しないでおきたいです。遺産分割協議の際、相続人間で「事業用財産については遺産分割をしない」という内容の協議をすることは可能でしょうか。

A　民法では、以下の場合に遺産分割を禁止できる旨が定められています。
①　共同相続人間で遺産分割禁止の合意をした場合（民256①ただし書）
②　特別な理由により、家庭裁判所が遺産分割を禁止した場合（民907③）
③　生前に被相続人が遺言書で遺産分割を禁止した場合（民908）

　そして、遺産分割を禁止できる財産の範囲に制限はありませんので、全ての財産について禁止することも、特定の財産についてのみ禁止することも可能です。

　よって、今回のケースでは、事業用財産を特定して相続人間で遺産分割禁止の合意をすることができます。

　ただし、いずれの方法による場合も、遺産分割を禁止できる期間は、相続開始時から5年を超えない期間に制限されています（民256①ただし書・908）。禁止期間が経過したからといって、直ちに遺産分割をしなければならない義務が共同相続人間に生じるわけではなく、経過後はいつでも遺産分割協議ができる状態が生じるにすぎませんが、禁止期間が経過したら遺産分割の請求をすることが可能になりますので、その後は事業の継続が困難となる可能性がある点には注意してください。また、被相続人が遺言書で遺産分割を5年間禁止し、相続開始後その禁止期間が経過してから、更に相続人間で5年間の遺産分割禁止の合意をすることで、最大10年間の遺産分割を禁止することも可能です。逆に、共同相続人間の合意で遺産分割を禁止した場合は、あくまで当事者間の契約であるという性質から、禁止期間内であっても、共同相続人全員の合意で遺産分割の禁止を解除して遺産分割協

議を行うこともできます。

　なお、相続税申告においては、相続財産が未分割の状態では税額軽減の特例が適用できないこともありますので、あらかじめ税務の専門家にご相談されることをおすすめします。

【ケース3】

Q　全ての相続財産について遺産分割協議を行ったつもりが、一部に漏れがあったことが判明しました。この場合、遺産分割協議の効力はどうなるのでしょうか。

A　当事者が認識していなかった相続財産が新たに発見され、全ての相続財産について遺産分割協議が終了していなかったことが判明した場合、基本的には、既に成立した協議については漏れていた財産を除く相続財産に関する遺産分割協議として有効なものであると考え、その漏れていた相続財産についてだけ新たに遺産分割協議を行うことになります。このように再び遺産分割協議を行わなければならない事態を回避するには、遺産分割協議書において、新たな相続財産が発見される可能性を考慮した記載をしておくことが有効でしょう。具体的には、「今後、新たな相続財産が新たに発見された場合には、その相続財産は全て相続人○○○○が取得する。」等と記載します。

　ただし、あえて当事者の意思で相続財産の一部を未分割にしている一部分割とは異なり相続人が未分割の認識を欠いていることから、漏れていた相続財産が高額であるなど、その財産が重要であり、かつ、仮に当事者がその相続財産の存在を知っていればそのような内容の遺産分割協議がなされなかったであろう場合には、既に行った遺産分割を錯誤を理由に取り消すことができる可能性があり、不安定な状態になってしまいます。このような場合、相続財産の漏れを考慮した遺産分割協議書を作成していたとしても、その事態を回避することはできません。そのため、生前に被相続人が全ての財産を記載したエンディングノートを残しておく、遺産分割前に金融機関で口座の検索をかける、思い当たる場所については固定資産の名寄帳を取得するなど、できるだけ相続財産の検索を行った上で遺産分割協議を行うことが重要であるといえます。

【ケース4】

Q　一旦成立した遺産分割協議をやり直すことはできますか。

A 遺産分割協議は、相続人全員の合意があれば、解除することができます（最判平2・9・27判時1380・89）。よって、一旦成立した遺産分割協議を合意解除し、新たな遺産分割協議を成立させることで、遺産分割協議のやり直しが可能となります。

ただし、遺産分割協議は、成立するとその効果が相続開始時に遡るため、別の内容の遺産分割協議にやり直しをすることで、当初の遺産分割協議の結果に基づいて行われた取引等の法律行為の効力が消滅し、第三者の権利を害してしまうおそれがあります。そのため、第三者に対しては、新たな遺産分割協議の遡及効が制限される可能性があります。また、遺産分割のやり直しは、税務や登記手続において贈与とみなされ、課税されるリスクがあることにも注意してください。

なお、合意解除によらなくても、遺産分割協議における意思表示に通謀虚偽表示・詐欺・錯誤などの瑕疵がある場合は、本人の意思表示のみで遺産分割協議を取り消すことが可能です。一方、相続人が他の相続人に対する債務を履行しないことを理由に、債務不履行に基づいて遺産分割協議を法定解除することは認められていません（最判平元・2・9判時1308・118）。

補助者業務のポイント

○依頼者に合わせた対応

資格者と補助者が連携して各依頼者の状況に合わせた対応ができるよう、依頼者との窓口になっている資格者は、依頼者の情報をこまめに補助者へ伝えることを心がけましょう。

例えば、遺産分割協議書を作成する際にも、共同相続人全員が同居していたり、集まる機会がある場合には、連名で署名する形式で作成しても問題ありませんが、相続人が別々に居住していてなかなか集まれないような場合は、同じ内容の遺産分割協議書を人数分用意して、それぞれに1人ずつ署名する形式で作成する方が好ましいでしょう。

また、実務上は、作成した遺産分割協議書を各相続人の自宅宛に直接郵送して署名押印をもらうことが多いかもしれませんが、たとえ一度は相続人全員で遺産分割の内容に合意をしていたとしても、改めて相続人同士で会って協議書へ署名押印することを希望する依頼者もいます。

1つ1つのポイントで、資格者は依頼者となるべくコミュニケーションをとるようにして希望を拾い上げ、それを補助者と共有することを心がけましょう。案件終了後は、改善すべき部分があれば、次の依頼者へ還元できるよう、資格者と補助者で案件ごとに振り返ることも大切でしょう。

【参考書式9】　遺産分割協議書

遺産分割協議書

（被相続人の表示）

本　籍　地　○○県○○市○○町1丁目2番地

被相続人　○○○○　（○年○月○日死亡）

（相続人の表示）

相続人　○○○○

相続人　○○○○

　上記のとおり開始した相続につき、被相続人○○○○の相続財産を共同相続人間で分割協議した結果、下記のとおり異議なく承認したので、これを証するため本書を作成し、署名押印する。

記

一、相続人○○○○は、下記の相続財産を相続する。

　（1）　不動産

　　①　○○市○○町1丁目2番地

　　　　家屋番号　○○番

　　　　鉄骨造鋼板葺3階建　居宅・店舗

　　　　床面積　1階　60.00m²

　　　　　　　　2階　60.00m²

　　　　　　　　3階　60.00m²

　　②　上記①の建物敷地に関する借地権並びにこれに関する賃貸借契約上の借主の地位

　（2）　預貯金

　　①　○○銀行　通常貯金

　　　　記号番号　○○○○○－○○○○○○○

　　②　○○銀行○○支店　普通預金

　　　　口座番号　○○○○○○○

二、上記以外に、新たな相続財産が発見された場合には、相続人○○○○が全ての相続財産を相続する。

以　上

○年○月○日

　　　　　　　　　　　　　○○○○相続人

　　　　　　　　　　　　　住　所　　○○県○○市○○町1丁目2番3号

　　　　　　　　　　　　　氏　名　　○○○○　　㊞

　　　　　　　　　　　　　○○○○相続人

　　　　　　　　　　　　　住　所　　○○県○○市○○町4丁目5番6号

　　　　　　　　　　　　　氏　名　　○○○○　　㊞

第3章 相続内容の確認

【参考書式10】 遺産分割協議書（特別代理人との間で合意する場合）

遺産分割協議書

（被相続人の表示）

本 籍 地 　〇〇県〇〇市〇〇町1丁目2番地

被相続人 　〇〇〇〇 （〇年〇月〇日死亡）

（相続人の表示）

相続人 　〇〇〇〇

相続人 　〇〇〇〇

相続人 　〇〇〇〇

　上記のとおり開始した相続につき、被相続人〇〇〇〇の相続財産を共同相続人間で分割協議した結果、下記のとおり異議なく承認したので、これを証するため本書を作成し、署名押印する。

記

一、相続人〇〇〇〇は、下記の不動産を相続する。

　① 　〇〇市〇〇町1丁目2番

　　　宅地 　120.00m²

　② 　〇〇市〇〇町1丁目2番地

　　　家屋番号 　〇〇番 　（ただし、〇〇〇〇持分〇分の〇）

　　　木造瓦葺2階建 　居宅

　　　床面積 　1階 　100.00m²

　　　　　　 　2階 　80.00m²

以 　上

〇年〇月〇日

〇〇〇〇相続人

住 　所 　〇〇県〇〇市〇〇町1丁目2番3号

氏 　名 　〇〇〇〇 　㊞

〇〇〇〇相続人

住 　所 　〇〇県〇〇市〇〇町2丁目3番4号

氏 　名 　〇〇〇〇

上記特別代理人

住 　所 　〇〇県〇〇市〇〇町3丁目4番5号

第3章 相続内容の確認

氏　名　○○○○　㊞

○○○○相続人
住　所　○○県○○市○○町4丁目5番6号
氏　名　○○○○
上記特別代理人
住　所　○○県○○市○○町5丁目6番7号
氏　名　○○○○　㊞

【参考書式11】　遺産分割協議書（数次相続の場合）

遺産分割協議書

（被相続人の表示）

本　籍　地　○○県○○市○○町1丁目2番地

被相続人　Ａ（○年○月○日死亡）

（相続人の表示）

相続人　Ｂ（○年○月○日死亡）

相続人兼Ｂ相続人　○○○○

相続人兼Ｂ相続人　○○○○

　上記のとおり開始した相続につき、被相続人Ａの相続財産を共同相続人間で分割協議した結果、下記のとおり異議なく承認したので、これを証するため本書を作成し、署名押印する。

記

一、相続人○○○○は、下記の不動産を相続する。

　①　○○市○○町1丁目2番

　　　宅地　120.00m²

　②　○○市○○町2丁目3番地

　　　家屋番号　○○番　（ただし、○○○○持分○分の○）

　　　木造瓦葺2階建　居宅

　　　床面積　1階　100.00m²

　　　　　　　2階　80.00m²

以　上

○年○月○日

被相続人Ａ相続人兼相続人Ｂ相続人

住　　所　○○県○○市○○町1丁目2番3号

氏　　名　○○○○　㊞

被相続人Ａ相続人兼相続人Ｂ相続人

住　　所　○○県○○市○○町4丁目5番6号

氏　　名　○○○○　㊞

第 4 章

相続を原因とする
所有権の登記の
実行

118

第1 所有権保存登記をする

＜フローチャート～所有権保存登記の実行＞

```
┌─────────────────────────────────────────┐
│ 1  所有権保存登記の申請人となる者の確認          │
│   (1)  所有権保存登記の申請人となる者の確認        │
│   (2)  数次相続の場合の登記方法の確認            │
└─────────────────────────────────────────┘
                    │
                    ↓
┌─────────────────────────────────────────┐  ┌──────────────────┐
│ 2  所有権保存登記の添付情報の確認・収集          │  │   補助者業務のポイント   │
│   (1)  相続を証明する情報の確認               │  ├──────────────────┤
│   (2)  住所証明情報の確認                   │  │ 添付情報の確認・収集事務 │
│   (3)  代理権限証明情報の確認                │  │ のサポート          │
│   (4)  その他の情報の確認                   │  └──────────────────┘
└─────────────────────────────────────────┘
                    │
                    ↓
┌─────────────────────────────────────────┐
│ 3  所有権保存登記の登記申請書の作成            │
│   (1)  所有権保存登記申請書の作成             │
└─────────────────────────────────────────┘
```

1 所有権保存登記の申請人となる者の確認

（1）　所有権保存登記の申請人となる者の確認

　　登記記録に権利部の登記がなされていない場合、初めてする所有権の登記申請は所有権保存登記となります。

　　所有権保存登記の申請人となる者を確認します。

（2）　数次相続の場合の登記方法の確認

　　数次相続が生じている場合の所有権保存登記の方法を確認します。

（1）　所有権保存登記の申請人となる者の確認　■■■■■■■■■■■■■

　相続による所有権の登記は、被相続人が既に所有者として登記されていることが多いため、所有権移転が登記の目的となることがほとんどです。所有権保存登記が登記目的となるのは、権利部に初めて所有権の登記申請をする場合に限られます。したがって、登記記録に表題部の登記しかなされてない場合や、表題部の登記すらなされていない場合には所有権保存登記が必要になります。所有権保存登記は原則として、①表題部所有者又はその相続人その他一般承継人、②所有権を有することが確定判決によって確認された者、又は③収用によって所有権を取得した者からの申請に限られます（不登74①）。

　表題部所有者の相続発生により、所有権保存登記をする場合、不動産登記法74条1項1号後段により、表題部所有者の相続人は、直接、自己名義の所有権保存登記を申請することができます。ただし、表題部所有者からの包括受遺者（民990）は、直接自己名義に所有権保存登記をすることはできず（登研223・67）、原則どおり、前件で表題部所有者である被相続人名義に所有権保存登記を申請し（相続人等による登記申請（不登62））、後件で包括受遺者名義に所有権移転登記申請をすることになります（昭34・9・21民事甲2071）。

　また、確定判決によって所有権を有することが確認された者については、表題登記上の所有者が他人であっても、自己のために直接所有権保存登記をすることができます。この判決の種類は、申請人の所有権が確認された判決であれば、給付判決、確認判決、形成判決のいずれでもよいとされています（大判大15・6・23民集5・536）。確定判

決と同一の効力が認められる訴訟上の和解調書、調停調書等もこの「判決」に含まれるとされています。さらに、確定判決によって所有権保存登記を行う場合は、表示登記の有無を問わず保存登記を行うことができるとされています（林良平＝青山正明編『注解　不動産法6　不動産登記法〔補訂版〕』671頁（青林書院、1992））。表題登記がない場合は登記官が職権で表題登記を行います（不登75）。

(2)　数次相続の場合の登記方法の確認 ■■■■■■■■■■■■■■■

　数次相続が発生していても、中間の相続登記を省略して直接最終の相続人名義に保存登記を行うことが可能です。

　所有権移転登記の場合は、被相続人甲の死亡により相続が開始し、相続登記未了の間にその相続人Aが死亡してaが相続人になった場合、登記原因を「年月日（甲の死亡日）A相続、年月日（Aの死亡日）相続」として甲からAへの相続登記を経ないまま直接a名義に相続による所有権移転登記を行うことができます。

　数次相続の場合において、最終の相続人名義に直接相続による移転登記を行う場合は、数次の相続原因及びその日付を連記することになるので、各相続の登記原因は同一であること、すなわち、最終の相続を除いて順次開始した各相続が全て単独相続（相続承継者が1名のみ）であることが要件になります。甲からAとBに相続が開始し、Aの相続でaが、Bの相続でbが相続している場合は、中間にAとBの相続が複数生じていることになるので、このような場合は甲から最終のaとbに直接移転登記を行うことはできないことになります。

　相続による所有権移転登記を行う場合に直接最終の相続人に相続登記を行うには、公示上の登記原因の記載の要請から、中間の相続が単独相続であることが要件となります。

　これに対して、表題部所有者の相続人から申請する不動産登記法74条1項1号による所有権保存登記の場合においては、所有権保存登記は登記原因の記載を要しないので、所有権移転登記の場合と異なり、中間の相続が単独相続でない場合であっても、直接最終の相続人名義に保存登記を行うことができることになります。

2 所有権保存登記の添付情報の確認・収集

(1) 相続を証明する情報の確認

相続人が、①法定相続分、②遺産分割協議、③遺言書のいずれに基づき所有権を相続するかによって具体的書類は異なります。

(2) 住所証明情報の確認

不動産を取得する者に関する住所を証する情報です。

(3) 代理権限証明情報の確認

司法書士等代理人が申請する場合に必要になります。

(4) その他の情報の確認

法定添付情報ではありませんが、実務上添付する情報があります。

表題部所有者の相続発生により、相続人が直接自己名義にする場合の登記申請に必要な書類は、①「相続を証明する情報」、②「住所証明情報」、司法書士等代理人が申請する場合には③「代理権限証明情報」の3つです（不登令別表㉘）。実務における具体的な添付情報を以下記載します。

(1) 相続を証明する情報の確認 ■■■■■■■■■■■■■■■■■■■■

「相続を証明する情報」は、相続人が、①法定相続分、②遺産分割協議、③遺言書のいずれに基づき所有権を相続するかによって添付情報が異なります。

① 法定相続の場合	表題部所有者の死亡によって相続が開始したこと及びその相続人を特定する趣旨	・被相続人の出生から死亡までが分かる戸籍(除籍)謄本（(除籍) 全部事項証明書） ・相続人全員の現在戸籍抄本（謄本）（一部（全部）事項証明書） ・相続関係説明図 　又は上記戸籍（除籍）謄本（抄本）（(除籍) 全部（一部）事項証明書）及び相続関係説明図に代えて法定相続情報証明 ・被相続人の住民票（の除票）の写し又は戸籍の(除)附票の写し

② 遺産分割協議の場合	表題部所有者の死亡によって相続が開始したこと及びその相続人を特定し、相続人全員の遺産分割協議により所有権を取得したことを証明する趣旨	・被相続人の出生から死亡までが分かる戸籍（除籍）謄本（（除籍）全部事項証明書） ・相続人全員の現在戸籍抄本（謄本）（一部（全部）事項証明書） ・相続関係説明図 　又は上記戸籍（除籍）謄本（抄本）（（除籍）全部（一部）事項証明書）及び相続関係説明図に代えて法定相続情報証明 ・被相続人の住民票（の除票）の写し又は戸籍の（除）附票の写し ・遺産分割協議書（相続人全員の実印押印及び印鑑登録証明書付〔有効期限なし〕）
③ 遺言書による場合	表題部所有者の死亡によって相続が開始したこと及び遺言書により所有権を取得したことを証明する趣旨	・被相続人の死亡が分かる戸籍（除籍）謄本（（除籍）全部事項証明書） ・被相続人の住民票（の除票）の写し又は戸籍の（除）附票の写し ・遺言書で指定を受けた相続人の現在戸籍抄本（謄本）（一部（全部）事項証明書） ・遺言書（自筆証書遺言の場合は検認後のもの）

　ただし、相続証明情報となる遺言書は、「相続人」に対し「相続させる」旨の遺言に限り、表題部所有者からの包括受遺者（民990）は、直接自己名義に所有権保存登記をすることはできないことに注意が必要です（登研223・67）。

　なお、戸籍謄本（全部事項証明書）、戸籍の附票の写し等は本籍地の役所で取得可能で、住民票の写しは住所地の役所で取得可能です。直接役所の窓口で取得するか、郵便小為替により郵送にて取得することも可能です。相続人以外の者が収集する場合は相続人からの委任状を要します。登記の依頼を受けた司法書士は職務上請求によって取得することができます。

　相続人が被相続人の書類を収集する場合は、相続人と被相続人の関係を証する戸籍謄本（全部事項証明書）等の提出が併せて必要になります。

(2)　住所証明情報の確認 ■■■■■■■■■■■■■■■■■■■■

　「住所証明情報」は、通常、申請人、すなわち不動産を取得する者の住民票の写し又は戸籍の附票の写しがこれに該当します。

(3) 代理権限証明情報の確認 ■■■■■■■■■■■■■■■■■■■■

「代理権限証明情報」は、通常、申請人から司法書士への委任状がこれに該当します。

(4) その他の情報の確認 ■■■■■■■■■■■■■■■■■■■■■

法律上の添付情報ではありませんが、実務上は上記(1)～(3)の証明書類に加え、登録免許税の算定根拠資料として、不動産の固定資産評価額を証明する書類を添付します。法務局により取扱いが異なりますが、評価証明書や固定資産税課税明細書の原本あるいは写しがこれに該当することになります。

補助者業務のポイント

○添付情報の確認・収集事務

　相続を証明する情報を収集する場合は、相続人が法定相続分、遺産分割協議書、遺言書のいずれに基づき所有権を相続するかによって添付情報が異なってきますので、事前に資格者に確認の上収集作業を行う必要があります。

　また、法定相続情報証明の作成のために戸籍等を職務上請求書で取得することは可能になりましたが、法務局発行の法定相続情報証明を取得するための申出人の本人確認書類として住民票の写しを取得する場合は職務上請求書で取得することは認められていませんので、その場合は委任状での取得が必要になります。

　職務上請求書で書類を取得する際は職域を超えることがないよう、資格者に確認するようにしましょう。

第4章　相続を原因とする所有権の登記の実行　　125

3　所有権保存登記の登記申請書の作成

（1）　所有権保存登記申請書の作成
　　相続による所有権保存登記申請書を作成します。

（1）　所有権保存登記申請書の作成 ■■■■■■■■■■■■■■■■■■

　相続による所有権保存登記の場合には、表題部所有者として記録された者、すなわち被相続人の氏名を掲げて、その者が被相続人である旨をかっこ書きで記載します。

【参考書式12】　法定相続による所有権保存登記申請書
【参考書式13】　遺産分割による所有権保存登記申請書
【参考書式14】　遺言による所有権保存登記申請書

126　　第4章　相続を原因とする所有権の登記の実行

【参考書式12】　法定相続による所有権保存登記申請書

登 記 申 請 書

登 記 の 目 的　　所有権保存
所　有　者　　（被相続人○○○○）
　　　　　　　　○○市○○町1丁目2番地
　　　　　　　　　持分○分の○
　　　　　　　　　○○○○
　　　　　　　　○○市○○町3丁目4番地
　　　　　　　　　持分○分の○
　　　　　　　　　○○○○

添 付 情 報
　　　住所証明情報　　相続を証する情報※　　代理権限証明情報

○年○月○日法第74条第1項第1号申請
○○法務局　○○支局

代　理　人　　○○市○○町5丁目6番地
　　　　　　　司法書士　○○○○　㊞
　　　　　　　　電話番号　○○○－○○○○－○○○○
課 税 価 格　　金○円
登 録 免 許 税　　金○円
不動産の表示　　〔省略〕

※相続を証する書面として表題部所有者の死亡によって相続が開始したこと及びその相続
　人が何人であるか明らかにするため被相続人の出生から死亡までが分かる戸籍謄本（全部
　事項証明書）・除籍謄本（除籍全部事項証明書）等、相続人全員の現在戸籍謄本（全部事項
　証明書）・戸籍抄本（一部事項証明書）及び相続関係説明図。法定相続情報証明をもってこ
　れに代えることも可能です。

第4章　相続を原因とする所有権の登記の実行　　127

【参考書式13】　遺産分割による所有権保存登記申請書

登　記　申　請　書

登 記 の 目 的　　所有権保存
所　有　者　　　（被相続人○○○○）
　　　　　　　　○○市○○町1丁目2番地
　　　　　　　　○○○○

添 付 情 報
　　　住所証明情報　　相続を証する情報※　　代理権限証明情報

○年○月○日法第74条第1項第1号申請
○○法務局　○○支局

代　理　人　　　○○市○○町3丁目4番地
　　　　　　　　司法書士　○○○○　㊞
　　　　　　　　　電話番号　○○○－○○○○－○○○○

課 税 価 格　　　金○円
登 録 免 許 税　　金○円
不 動 産 の 表 示　　〔省略〕

※相続を証する書面として表題部所有者の死亡によって相続が開始したこと及びその相続
　人が何人であるか明らかにするため被相続人の出生から死亡までが分かる戸籍謄本（全部
　事項証明書）・除籍謄本（除籍全部事項証明書）等、相続人全員の現在戸籍謄本（全部事項
　証明書）・戸籍抄本（一部事項証明書）及び相続関係説明図。法定相続情報証明をもってこ
　れに代えることも可能です。
　また、遺産分割の協議の結果によるものであるので、その遺産分割協議書（協議者全員の
　印鑑登録証明書付〔有効期限なし〕）の添付も要します。

128   第4章　相続を原因とする所有権の登記の実行

【参考書式14】　遺言による所有権保存登記申請書

登 記 申 請 書

登 記 の 目 的　　所有権保存
所 　有 　者　　（被相続人○○○○）
　　　　　　　　　　○○市○○町1丁目2番地
　　　　　　　　　　○○○○

添 付 情 報
　　　住所証明情報　　相続を証する情報※　　代理権限証明情報

○年○月○日法第74条第1項第1号申請
○○法務局　　○○支局

代 　理 　人　　○○市○○町3丁目4番地
　　　　　　　　　司法書士　○○○○　㊞
　　　　　　　　　　電話番号　○○○－○○○○－○○○○
課 税 価 格　　金○円
登 録 免 許 税　　金○円
不 動 産 の 表 示　　〔省略〕

※法律的に有効な遺言書、被相続人の死亡が分かる戸籍（除籍）謄本（（除籍）全部事項証明
　書）及び遺言書で指定を受けた方の現在戸籍抄本（謄本）（一部（全部）事項証明書）の添
　付を要します。
　遺言書があれば、その他の相続が開始したこと及びその相続人が何人であるか明らかにす
　るための被相続人の出生から死亡までが分かる戸籍謄本（全部事項証明書）・除籍謄本（除
　籍全部事項証明書）等、相続人全員の現在戸籍謄本（全部事項証明書）・戸籍抄本（一部事
　項証明書）までは不要です。

第2　所有権移転登記をする

＜フローチャート～所有権移転登記の実行＞

1 所有権移転登記の前提の確認
- (1) 法定相続
- (2) 遺産分割協議による相続
- (3) 遺言による相続・遺贈

2 所有権移転登記の実行方法の確認
- (1) 法定相続による所有権移転登記の実行方法
- (2) 遺産分割協議による所有権移転登記の実行方法
- (3) その他様々な場合の相続による所有権移転登記の実行方法
- (4) 遺言による所有権移転登記の実行方法
- (5) 清算型遺贈による所有権移転登記の実行方法

3 所有権移転登記の添付情報の確認・収集
- (1) 相続を原因とする所有権移転登記の添付情報
- (2) 遺贈を原因とする所有権移転登記の添付情報

補助者業務のポイント
添付情報の確認・収集事務のサポート

4 所有権移転登記の登記申請書の作成
- (1) 所有権移転登記申請書の作成

1 所有権移転登記の前提の確認

（1） 法定相続

　行おうとする相続登記が法定相続登記（法定相続に基づく登記）の場合の前提を確認します。

（2） 遺産分割協議による相続

　行おうとする相続登記が遺産分割協議に基づく登記の場合の前提を確認します。

（3） 遺言による相続・遺贈

　行おうとする相続登記が遺言に基づく登記の場合の前提を確認します。

（1）　法定相続 ■■■■■■■■■■■■■■■■■■■■■■■■■■■

　被相続人の相続に関し、遺言書が存在せず、相続人間での遺産分割協議にも基づかないで法定相続分に応じて取得するという場合は、法定相続による所有権移転登記を行うことになります。

　実務上は、法定相続分に応じて相続人全員が承継する場合であっても、遺産分割協議をしなければ、後に遺産分割協議が成立した場合には相続開始時に遡って共有状態が解消され得る遺産共有状態になるため、法定相続分で相続人全員が承継するという話合いが相続人同士でなされているのであれば、それ自体が遺産分割協議として、法定相続分で相続人全員が承継する内容の遺産分割協議書を作成し、遺産共有状態から物権共有状態に変更しておくといったこともなされることがあります。

　法定相続登記を行う場合としては、相続人間で争いがある場合で遺産分割協議ができず、相続登記がなされていない場合において、債権者が相続人の持分を差押えする必要がある場合に債権者の代位で法定相続登記を行うということが実務上ではよくあります。

　法定相続登記を行おうとするときは、遺言書の有無、遺産分割協議がなくこれからも行われる予定がないこと、法定相続を行うべき理由を確認・検討してから実行するべきです。

(2) 遺産分割協議による相続 ■■■■■■■■■■■■■■■■■■■■■

　被相続人の遺言書が存在せず、被相続人の財産承継が相続人間の協議に委ねられている場合は、遺産分割協議による相続が考えられます。依頼を受けた時点で既に遺産分割協議が終わっている場合もあれば、これから協議が行われる予定の場合もあります。依頼者からのヒアリングや資料提供の段階で遺産分割協議書の有無、予定の有無、協議内容の確定の有無を確認することになります。

　遺産分割協議の形態として、争いなく相続人間の話合いで協議がまとまっている場合もあれば、相続人間だけでは協議がまとまらず、遺産分割調停によって協議が成立している場合も考えられます。

　遺産分割協議による相続登記を行おうとするに当たっては、既に遺産分割協議が終わっている場合はその内容と有効な遺産分割協議書が作成されているのかこれから作成されるのか、遺産分割協議が終わっていない場合は任意の協議で遺産分割協議がまとまるのか調停になりそうなのか既に調停になっているのか等状況を確認しながらその後の登記手続を検討していくことになります。

(3) 遺言による相続・遺贈 ■■■■■■■■■■■■■■■■■■■■■■

　遺言による相続・遺贈登記を行うためには、遺言書の存在が前提になりますので、遺言書の存在をまず確認します。遺言書が公正証書以外の遺言書である場合は、検認手続等が必要になりますので、遺言書が公正証書遺言であるのかそれ以外の遺言書であるのか遺言の種類も確認し、必要な手続を順番に行っていくことになります。

　また、遺言による所有権移転登記の方法は、遺言によって対象不動産の承継帰属先が相続人に指定されているのか、相続人以外の者に指定されているのか等内容によって異なります。まずは遺言の内容を確認し、①相続人に対して相続させる内容になっているのか、②相続人以外の者に対して遺贈する内容になっているのか、③相続人全員に対して包括的に遺贈する旨の内容になっているのか、④換価清算して換価金を遺贈する清算型遺贈になっているのかを確認します。その内容によって登記の実行方法を検討していくことになります。遺言による所有権移転登記の場合は、その内容によって申請形態も異なってくることになるため、遺言書の内容を正しく読み解き、申請形態も取り違えないようにすることが肝要です。

　なお、遺贈による所有権移転登記を申請する前提として、登記名義人である遺言者の登記簿上住所と最後の住所が住所移転等により異なっている場合は、住所変更登記を要する、とされています（昭43・5・7民事甲1260、登研401・160）。遺贈による所有権移転

登記を行う場合は、遺言者である登記簿上所有者の住所を確認し、住所変更登記の要否を忘れずに検討しましょう。

2 所有権移転登記の実行方法の確認

（1）　法定相続による所有権移転登記の実行方法
　法定相続による所有権移転登記を行う場合の登記の実行方法を確認します。
（2）　遺産分割協議による所有権移転登記の実行方法
　遺産分割協議による所有権移転登記を行う場合の登記の実行方法を確認します。
（3）　その他様々な場合の相続による所有権移転登記の実行方法
　その他様々な場合の相続による所有権移転登記を行う場合の登記の実行方法を確認します。
（4）　遺言による所有権移転登記の実行方法
　遺言による所有権移転登記を行う場合の登記の実行方法を確認します。
（5）　清算型遺贈による所有権移転登記の実行方法
　清算型遺贈による所有権移転登記を行う場合の登記の実行方法を確認します。

（1）　法定相続による所有権移転登記の実行方法　■■■■■■■■■■■

　法定相続に基づく所有権移転登記は、法定相続人全員の住所氏名及び各相続人の法定相続分としての持分を登記に反映する登記になります。この登記の申請人は通常、法定相続人全員が申請人となって行うことになります。法定相続人中の一部の者による申請であっても、法定相続人全員のためにする相続登記はすることができるとされています（民252ただし書）。ただし、この場合は、申請人とならなかった者については登記識別情報が発行されないため、後日不動産を売買する等、登記識別情報の添付が必要な登記申請を行う際にその者の登記識別情報が添付できなくなるという問題が生

じます。法定相続登記を申請する場合に一部の相続人から登記申請を行うとこのような問題が将来生じるため、法定相続人全員が申請人となれる場合は原則どおり法定相続人全員から申請するよう差配することが肝要です。一方で、共同相続人中の一部の者による申請により、当該一部の者の相続分のみについての相続登記はすることができないとされています（昭30・10・15民事甲2216）。

(2) 遺産分割協議による所有権移転登記の実行方法 ■ ■ ■ ■ ■ ■ ■ ■

　遺産分割協議に基づく所有権移転登記は、遺産分割協議で不動産を承継取得することになった相続人から登記申請することになります。遺産分割協議の結果、対象不動産を承継取得しないことになった相続人は登記申請人とならず、遺産分割協議で不動産を承継取得することになった相続人からの単独申請によって登記申請することができます（不登63②、明44・10・30民刑904）。法定相続による所有権移転登記ではなく、遺産分割協議に基づく所有権移転登記であることを証するため、遺産分割協議があったことを証する書面を添付する必要があります。また、当該遺産分割協議が真正に成立したことを証するため、遺産分割協議に署名捺印している相続人の印鑑登録証明書の添付が必要とされていますが、登記申請人となる相続人については印鑑登録証明書の添付がなくても登記は受理される扱いになっています。

(3) その他様々な場合の相続による所有権移転登記の実行方法 ■ ■ ■

　相続による所有権移転登記を行う場合において、数次相続が発生していたり、相続欠格・廃除が生じていたりと、実務上は様々なケースが考えられます。実体上生じている事実関係を吟味し、どのように登記申請を行うかを確認・検討する必要があります。以下、代表的なケースを元に解説します。

① 相続登記が未了のうちに相続人に相続が発生し数次相続が生じている場合の登記申請

　被相続人甲の死亡により相続が開始し、相続登記未了の間にその相続人Aが死亡してaが相続人になった場合、登記原因を「年月日（甲の死亡日）A相続、年月日（Aの死亡日）相続」として甲からAへの相続登記を経ないまま直接a名義に相続による所有権移転登記を行うことができます。

　数次相続の場合において、最終の相続人名義に直接相続による移転登記を行う場合は、数次の相続原因及びその日付を連記することになるので、各相続の登記原因は同一であること、すなわち、最終の相続を除いて順次開始した各相続が全て単独

相続（相続承継者が1名のみ）であることが要件になります。

　甲からAとBに相続が開始し、Aの相続でaが、Bの相続でbが相続している場合は、中間にAとBの相続が複数生じていることになるので、このような場合は甲から最終のaとbに直接移転登記を行うことはできないことになり、甲の相続によるA及びBへの所有権移転登記を行った上で、Aの相続によるaへの所有権移転登記とBの相続によるbへの所有権移転登記を行うことになります。

② 相続分譲渡が行われている場合の登記申請

　次の2つの場合が考えられます。

㋐ 被相続人甲の相続人がA、B、Cの場合で、Cの相続分がBに譲渡されるというように、相続人の間で相続分の譲渡が行われている場合

　ⓐ 法定相続登記がまだされていない場合

　　　相続人間で相続分の譲渡が行われた場合、譲渡後の相続分の割合をもって直接に被相続人甲から相続人A、Bへの相続登記を行うことができます。その後、A、B間でAの単独所有とする遺産分割協議が成立した場合には、相続を原因としてA単独名義とする所有権移転登記を行うことになります。

　　　Cの相続分がBに譲渡された後、被相続人甲から相続人A、Bへの相続登記を行う前に、A、B間でAの単独所有とする遺産分割協議が成立した場合には、相続を原因として甲からA単独名義とする所有権移転登記を行うことも可能です。

　ⓑ 法定相続登記が既にされている場合

　　　法定相続によって登記されたCの持分につき、「相続分の売買」若しくは「相続分の贈与」を原因としてBに対する持分移転登記を行うことになります。その後、A、B間でAの単独所有とする遺産分割協議が成立した場合には、BからAへ「遺産分割」を原因として持分移転登記を行うことになります。

㋑ 被相続人甲の相続人がA、B、Cの場合で、Cの相続分が第三者Dに譲渡されるというように、相続人以外の第三者に相続分の譲渡が行われている場合

　　この場合には、まず、ⓐ被相続人甲から法定相続人であるA、B、Cに法定相続登記を行い、ⓑCからDに対して「相続分の売買」若しくは「相続分の贈与」を原因として持分移転登記を行うことになります。

　　相続人A、Bと相続分の譲渡を受けたD間で、Dの単独所有とする遺産分割協議が成立した場合、遺産分割を原因としてD単独名義とすることも可能ですが、この場合でも、まず、ⓐ被相続人甲から法定相続人であるA、B、Cに法定相続登記を行い、ⓑCからDに対して「相続分の売買」若しくは「相続分の贈与」を

原因として持分移転登記を行った上で、ⓒ「遺産分割」を原因とするＡ、Ｂから
Ｄへの持分移転登記を行わなければならないとされています（登研537・118、昭59・
10・15民三5196）。

③　共同相続人中に特別受益を受けた者がある場合の登記申請

　　特別受益を考慮した具体的相続分は、遺産分割手続における分配前提となるべき
計算上の価額又はその価額の遺産の総額に対する割合を意味するもの（最判平12・2・
24民集54・2・523）であるから、特別受益を定める協議は遺産分割協議に含まれるもの
と解されます。したがって、なすべき登記は、遺産分割協議がなされた場合と同様
となります。ただし、特別受益の価額が相続分を超える場合は、その者の「相続分
がない事実を証する書面」を作成し、特別受益者の印鑑登録証明書を添付（昭30・4・
23民事甲742）して、他の共同相続人が相続登記を申請することになります。

④　共同相続人中に寄与分がある場合の登記申請

　　寄与分は相続分の修正事由にすぎず、共同相続人中の特定の者が寄与分として特
定の不動産を取得する旨の協議は、寄与分を定める協議のほかに、遺産分割協議を
も含むと解されます。したがって、なすべき登記は遺産分割協議のみがなされた場
合と同様となります。このように、寄与分の協議に遺産分割協議が含まれると解さ
れる場合や、寄与分を考慮した遺産分割協議がなされた場合に作成する遺産分割協
議書（印鑑登録証明書付）には、必ずしも寄与分に関する事項の記載を要しないと
されています（昭55・12・20民三7145）。

⑤　相続人の中に欠格者・廃除者がいる場合の登記申請

　　相続人の中に民法891条に該当する相続欠格者がいる場合、当該相続欠格者は当
然に相続権を失い、相続人になることができません。相続欠格は戸籍に記載される
ことがないため、当該相続人について相続欠格事由が生じており、相続権がないこ
とを証明するため、相続欠格者自身が相続欠格していることを証明する印鑑登録証
明書付の上申書を提供するか、若しくは相続欠格に関する確定判決の謄本を提供す
ることになります（昭33・1・10民事甲4）。当該書面を他の相続登記に必要な書面と一
緒に提供し、相続人から相続欠格者を除外して相続登記を申請することになります。

　　これに対して、民法892条に該当する行為を働いた者についての廃除の場合は、相
続人の廃除は被相続人が家庭裁判所に申し立てることによって、審判又は調停によ
って行われることになります。相続人廃除の審判又は調停が確定すると、廃除の事
実は戸籍に記載されることになります。したがって、廃除の場合は、廃除の事実が
記載された戸籍謄本（全部事項証明書）を提供し、相続人から廃除を受けた相続人
を除外して相続登記を申請することになります。

⑥　胎児がいる場合の登記申請

　相続開始時に胎児が存在する場合、当該胎児は相続については既に生まれたものとみなされ、出生前であっても相続権があることになります（民886①）。したがって、胎児の出生前でも、胎児を相続人の1人として法定相続登記の申請を行うことができます。この場合、胎児については、「亡○○妻○○胎児」として登記することになります。添付情報は通常の法定相続登記に必要な戸籍謄本（全部事項証明書）等ですが、胎児の懐胎を証する情報の提供は不要とされています。

　胎児を含む法定相続登記がなされた後、胎児が生きて出生した場合は、胎児の住所氏名についての所有権登記名義人表示変更登記を行うことになります。

　胎児が死体で生まれてきた場合は、相続について既に生まれたものとみなされなかったことになります（民886②）。この場合は、法定相続登記について錯誤を原因とする所有権更正登記を行うことになります。

　なお、胎児について法定代理で遺産分割その他の処分行為ができるかどうかについては、相続関係が未確定でもあることから、これはすることができないとされています（昭29・6・15民事甲1188）。

(4)　遺言による所有権移転登記の実行方法 ■■■■■■■■■■■■■

ア　遺言の内容が相続人に対して相続させる内容になっている場合

　特定の不動産を特定の相続人に「相続させる」旨の遺言は、これを遺産分割の方法の指定と解し、遺産分割を経ることなく遺言の効力発生と同時に指定された相続人が当該不動産の所有権を取得するとされています（最判平3・4・19民集45・4・477）。

　したがって、遺言によって指定された相続人から、相続を原因として単独で所有権移転登記を行うことになります。

　この場合の所有権移転登記には、遺言書及び遺言書の効力発生を証する書面として遺言者の死亡の事実を証する戸籍謄本（全部事項証明書）、指定された相続人が被相続人の相続人であることを証する戸籍謄本（全部事項証明書）、指定された相続人の住民票の写し等を添付して行います。通常の相続登記のように被相続人の出生から死亡までの改製原戸籍謄本や除籍謄本（除籍全部事項証明書）、指定されなかった他の相続人の戸籍謄本（全部事項証明書）の添付は不要です。

　令和元年7月1日施行の民法改正前は、特定の相続人に「相続させる」旨の遺言において遺言執行者が選任されている場合でも、当該遺言の効果によって遺言の効力発生と同時に指定された相続人が当該不動産の所有権を取得するため、当該所有権移転登

記に遺言執行者の執行行為は要せず、指定された相続人が単独で登記申請を行うことができ、遺言執行者から当該相続登記申請を行うことはできないとされていました。

しかし、令和元年7月1日施行の民法改正後は、特定の相続人に「相続させる」旨の遺言であっても、遺言者が別段の意思を表示していない限りは、遺言執行者が対抗要件を備えるために必要な行為をすることができるとされ、遺言執行者から相続登記申請を行えるように変わりましたので留意が必要です（民1014②④）。

　イ　遺言の内容が相続人以外の者に対して遺贈する内容になっている場合

遺言書において、相続人以外の者に遺贈する旨記載されている場合、遺言書の効力発生、すなわち遺言者の死亡と同時に、相続人に相続されることなく受遺者に所有権が移転することになります。

したがって、相続人に対する法定相続登記を入れる必要はなく、被相続人名義から直接受遺者に対して遺贈を原因とする所有権移転登記を行うことになります。

遺言執行者が選任されていない場合は、被相続人の相続人全員が登記義務履行者となり、受遺者との共同申請によって所有権移転登記を行うことになります。この場合の登記申請書上の登記義務者の表記としては、「亡〇〇〇〇相続人〇〇〇〇」と表記することになります。

遺言執行者が選任されている場合は、遺言執行者が相続人全員の代理人として、遺言執行者と受遺者との共同申請によって所有権移転登記を行うことになります。

この場合の登記申請書上の登記義務者の表記としては、「亡〇〇〇〇」と被相続人だけを記載することになります。

　ウ　相続人全員に対して包括的に遺贈する内容になっている場合

遺言書によって所有権移転登記を申請する場合の登記原因の基準は、遺言書の文言が「遺贈する」若しくは「遺産を贈与する」となっていれば、登記原因は原則として「遺贈」になります。しかしながら、遺言の内容が包括遺贈であって、相続財産全部の承継先が相続人全員である場合は、当該遺言書の趣旨は相続分の指定又は遺産分割の方法の指定として判断することができ、この場合は、遺言書の文言が「遺贈」であっても登記原因は「相続」となります（昭38・11・20民事甲3119）。したがって、この場合は、相続人からの単独申請により相続を原因とする所有権移転登記を行うことになります。

(5)　清算型遺贈による所有権移転登記の実行方法　■ ■ ■ ■ ■ ■ ■ ■ ■

遺言者の所有の不動産を第三者に売却して、その売却代金によって相続債権者に対

する負債を清算し、残金を受遺者に遺贈するような内容の遺言を清算型遺贈といいます。この清算型遺贈の場合の登記の実行方法は、通常の遺贈による登記と異なることになりますので、留意が必要です。

　清算型遺贈に基づき当該不動産を売却して買主名義に所有権移転登記を申請する場合にはその前提として、相続による所有権移転の登記を要します（昭45・10・5民事甲4160、登研476・139）。

　したがって、この場合は、①登記原因を「相続」とする遺言者から「遺言者の相続人」への所有権移転登記を行い、②登記原因を「売買」とする「遺言者の相続人」から買主への所有権移転登記を行うことになります。

　遺言執行者が選任されている場合は、①の相続による所有権移転登記については相続人の代理人として遺言執行者から登記申請を行うことができ、②の買主への所有権移転登記については遺言執行者が登記義務者となって買主との共同申請で行うことができます。

アドバイス

○遺言による2分の1の遺贈

　遺言により、不動産の2分の1を相続人ではないAに遺贈し、残りを全相続人で法定相続すべきとされている場合の登記の方法については留意が必要です。

　この場合は、まず、遺贈による所有権一部移転登記を申請し、その後に相続による被相続人の持分全部移転登記の申請をすることになります（昭34・4・6民事甲658）。遺贈の登記をせずに先に相続による登記を申請した場合は受理されないことになります（登研523・139）。

　登記申請の順序を取り違えないように留意しましょう。

ケーススタディ

【ケース1】

Q　遺産分割を原因とする持分移転登記がされている不動産について、遺産分割の日より前の日付の相続を原因として所有権移転登記を申請することはできるのでしょうか。

第4章　相続を原因とする所有権の登記の実行　　139

〔相続関係〕

① 　A（平成30年1月1日死亡）　※一次相続

　　Aの相続人（子）B、C、D

② 　D（平成30年6月1日死亡）　※二次相続

　　Dの相続人（子）E、F

③ 　Aの相続につき、平成30年9月1日、Aの相続人B、Cと、Aの相続人である

　　Dの相続人E、Fの、B、C、E、F間で亡Dが単独相続する旨の遺産分割協

　　議が成立

④ 　Dの相続については、平成30年12月1日にE、F間でEが単独相続する旨の遺

　　産分割協議が成立

〔登記状態〕

① 　所有権移転　平成20年5月1日売買　所有者　A

② 　所有権移転　平成30年1月1日相続　共有者　持分3分の1　B

　　　　　　　　　　　　　　　　　　　　　　持分3分の1　C

　　　　　　　　　　　　　　　　　　　　　　持分3分の1　D

③ 　B、C持分全部移転　平成30年9月1日遺産分割　所有者　持分3分の2　D

　　この登記状態の後、Dの相続につき、平成30年6月1日相続を原因としてDから

Eへの所有権移転登記が申請できるのでしょうか。登記上、Dは平成30年9月1日

付の遺産分割によって持分取得の登記がなされているところ、それ以前の平成30

年6月1日付相続を原因とする所有権移転登記が受理されるかどうかの問題です。

Ａ　本ケースの場合、一次相続に関する遺産分割協議の効果はＡの死亡時に遡及し

ますので、一次相続に関する遺産分割を原因とする持分移転登記の原因日付より

も前の日を原因日付とする二次相続に関する所有権移転登記は、原因日付が前後

して申請されることになるものの、このような登記申請も受理されることになり

ます。

　法定相続登記後に遺産分割協議が成立した場合に、遺産分割協議の成立日を原

因日付として「遺産分割」による持分移転登記を行うのは、権利変動の内容を登

記情報に公示するためであって、これによって遺産分割の効果が被相続人の死亡

時に遡及することを否定するものではありません。登記上の形式にかかわらず、

実体上は、ＤはＡの死亡時である平成30年1月1日に所有権を単独で相続している

ため、平成30年6月1日相続を原因としてＤの相続に関する登記が申請されたとしても実体上何ら矛盾はないことになります。

【ケース2】

Q 相続人が不存在又は特別縁故者がいる場合、どのように登記を申請すればよいのでしょうか。

A 相続人不存在とは、被相続人について相続が開始したにもかかわらず、相続人が存在するか否かが明らかでないことをいいます（民951）。

戸籍上相続人が存在してはいるが、その者が生死不明あるいは行方不明であるという場合は、「相続人不存在」ではありません（東京高決昭50・1・30判時778・64）。このような場合には、失踪宣告や不在者財産管理人の手続で処理することになります。また、戸籍上相続人は存在しないものの、包括受遺者が存在することが明らかな場合も「相続人不存在」には当たらないとされています（最判平9・9・12民集51・8・3887）。

上記以外の民法951条に該当する「相続人不存在」の場合には、相続財産は法人となり、相続財産の管理・清算のため相続財産管理人を選任することになります。

相続財産管理人が選任されれば、当該相続財産管理人から、被相続人所有の不動産につき、「年月日（死亡日）相続人不存在」を原因としてその所有者を「亡○○○○相続財産」とする所有権登記名義人氏名変更登記を行うことになります。

相続財産管理人選任後、当該管理人は相続人の捜索を行うことになりますが、一定の期間に相続人である権利を主張する者が現れないときは、民法958条の3の規定に基づき、被相続人と生計を同一にしていた者、療養看護に努めた者その他特別の縁故があった者に対して相続財産を分与する申立てを行います。この特別縁故者への分与の審判が確定すれば、「年月日民法第958条の3の審判」を原因として相続財産法人から特別縁故者への所有権移転登記を行います。当該登記は審判を経て審判書及び確定証明書を添付して行いますので、特別縁故者からの単独申請で行うことができます。

なお、特別縁故者への移転登記は、相続財産管理人選任公告、管理人による債権申出公告、家庭裁判所による権利主張催告の公告、特別縁故者に対する分与申

立てから分与の審判確定までの法定期間から、相続開始の翌日から起算して少なくとも13か月以上経過していなければ受理されないことに留意が必要です。

【ケース3】

Q 相続財産の中に農地があり、相続による移転登記を行いました。農地の相続で留意することはあるでしょうか。

A 平成21年12月15日以降、相続等により農地を取得した者は農業委員会に遅滞なくその旨を届け出ることが必要になっています（農地法3の3）。この届出は被相続人が死亡したことを知った時からおおむね10か月以内に行わなければならないとされています。届出を怠った場合は10万円以下の過料に処せられる場合があります（農地法69）。

3 所有権移転登記の添付情報の確認・収集

（1） 相続を原因とする所有権移転登記の添付情報
　　登記原因が相続になる場合の所有権移転登記の添付情報です。
（2） 遺贈を原因とする所有権移転登記の添付情報
　　登記原因が遺贈になる場合の所有権移転登記の添付情報です。

相続による所有権移転の登記申請に必要な情報は、登記原因が「相続」になる場合と「遺贈」になる場合で異なることになります。すなわち、登記原因が「相続」になる場合の登記申請形態は、対象不動産承継取得者からの単独申請となり、登記原因が「遺贈」になる場合の登記申請形態は、登記名義人たる被相続人の相続人全員若しくは遺言執行者がある場合は相続人全員に代わって遺言執行者と対象不動産承継取得者からの共同申請になることから生じる違いになります。

（1） 相続を原因とする所有権移転登記の添付情報 ■■■■■■■■■■

ア　相続を証明する情報

「相続を証明する情報」は、相続人が、①法定相続、②遺産分割協議、③遺言書の
いずれに基づき所有権を相続するかによって添付情報が異なります。

① 法定相続の場合〔所有者の死亡によって相続が開始したこと及びその相続人を特
　定する趣旨〕

　・被相続人の住民票（の除票）の写し又は戸籍の（除）附票の写し

　・被相続人の出生から死亡までが分かる戸籍（除籍）謄本（（除籍）全部事項証明書）

　・相続人全員の現在戸籍抄本（謄本）（一部（全部）事項証明書）

　　又は上記戸籍（除籍）謄本（抄本）（（除籍）全部（一部）事項証明書）に代えて
　法定相続情報証明

　・相続関係説明図（法定相続情報証明を添付する場合は不要）

② 遺産分割協議の場合〔所有者の死亡によって相続が開始したこと及びその相続人
　を特定し、相続人全員の遺産分割協議により所有権を取得したことを証明する趣旨〕

　・被相続人の住民票（の除票）の写し又は戸籍の（除）附票の写し

　・被相続人の出生から死亡までが分かる戸籍（除籍）謄本（（除籍）全部事項証明書）

　・相続人全員の現在戸籍抄本（謄本）（一部（全部）事項証明書）

　　又は上記戸籍（除籍）謄本（抄本）（（除籍）全部（一部）事項証明書）に代えて
　法定相続情報証明

　・相続関係説明図（法定相続情報証明を添付する場合は不要）

　・遺産分割協議書（相続人全員の実印押印及び印鑑登録証明書付〔有効期限なし〕）

③ 遺言書による場合〔所有者の死亡によって相続が開始したこと及び遺言書により
　所有権を取得したことを証明する趣旨〕

　・被相続人の住民票（の除票）の写し又は戸籍の（除）附票の写し

　・被相続人の死亡が分かる戸籍（除籍）謄本（（除籍）全部事項証明書）

　・遺言書で指定を受けた相続人の現在戸籍抄本（謄本）（一部（全部）事項証明書）

　・遺言書（自筆証書遺言の場合は検認後のもの）

イ　住所証明情報

「住所証明情報」は、通常、申請人、すなわち不動産を取得する者の住民票の写し
又は戸籍の附票の写しがこれに該当します。

ウ　代理権限証明情報

「代理権限証明情報」は、通常、申請人からの委任状がこれに該当します。

エ　その他の情報

法律上の添付情報ではありませんが、実務上は上記証明情報に合わせて、登録免許税の根拠資料として、不動産の評価額を証明する書類を添付します。法務局により取扱いが異なりますが、固定資産評価証明書や固定資産税課税明細書の原本あるいは写しがこれに該当します。

(2)　遺贈を原因とする所有権移転登記の添付情報 ■■■■■■■■■■

ア　遺贈を証明する情報

遺言書の内容が相続人以外の第三者に承継させる趣旨の遺贈である場合、遺贈の事実を証する登記原因証明情報として、遺贈を内容とする遺言書と遺言書の効力発生を証する遺言者死亡の事実の記載のある戸籍抄本（一部事項証明書）がこれに該当することになります。また、遺言者の登記上の住所と戸籍抄本（謄本）（一部（全部）事項証明書）の本籍とを関連付けて登記名義人と遺言者の同一性を証明するため、遺言者の住民票（の除票）の写し又は戸籍の（除）附票の写しも添付します。

イ　登記識別情報

遺言書の内容が相続人以外の第三者に承継させる趣旨の遺贈である場合、共同申請の形態によって申請することになるため、登記名義人たる被相続人の登記識別情報の添付が必要になります。

ウ　印鑑登録証明書（取得後3か月以内のもの）

遺言書の内容が相続人以外の第三者に承継させる趣旨の遺贈である場合、共同申請の形態によって申請することになるため、登記義務者となる者の印鑑登録証明書の添付が必要になります。

遺言執行者がない場合、登記義務者は被相続人の相続人全員となるため、相続人全員の印鑑登録証明書を添付することになります。遺言において遺言執行者が指定されている場合は、相続人全員のために遺言執行者自身が登記義務者に代わって登記申請行為を行うことになるため、この場合は遺言執行者の印鑑登録証明書を添付することになります。

エ　住所証明情報

「住所証明情報」は不動産を取得する者の住民票の写し又は戸籍の附票の写しがこれに該当します。

オ　代理権限証明情報

「代理権限証明情報」は、通常、申請人からの委任状がこれに該当します。

カ　その他の情報

法律上の添付情報ではありませんが、実務上は上記証明情報に合わせて、登録免許税の根拠資料として、不動産の評価額を証明する書類を添付します。法務局により取扱いが異なりますが、固定資産評価証明書や固定資産税課税明細書の原本あるいは写しがこれに該当します。

アドバイス

○判決による登記と相続証明書

遺産分割調停や遺産分割審判等、相続人全員が当事者として参加しなければならない裁判手続に基づいて相続登記を行う場合は、裁判所への申立時において財産目録や被相続人及び相続人の相続を証明する戸籍謄本等を提出し、裁判所において相続関係を確認済みであることから、当該遺産分割調停調書や遺産分割審判書を添付して相続登記を行う場合は、戸籍謄本等を相続証明書として添付する必要はないとされています（昭37・5・31民事甲1489）。

上記以外の民事裁判であっても、確定判決の理由中において、被相続人の相続人が被告全員である旨が認定されている場合には、戸籍謄本等に代わって当該判決書を相続を証する情報として取り扱って差し支えないとされています（登研634・121、平11・6・22民三1259）。

ただし、判決の言渡しが民事訴訟法254条に基づくいわゆる調書判決（被告が口頭弁論期日において原告の主張した事実を争わず、何らの防御方法も提出しない場合、公示送達による呼出しを受けたにもかかわらず、期日に出頭しない場合の判決言渡し）によってなされている場合は、当該調書に請求原因事実として被相続人の相続人が被告のみであることが記載され、被告が当該請求原因事実を争うことを明らかにしないものとして自白したものとみなす旨が記載されているときであっても、相続証明書として当該調書のほか、被相続人の相続関係を証する戸籍謄本等を提供する必要があるとされていることに留意しなければなりません（登研774・139）。

補助者業務のポイント

○添付情報の確認・収集事務

固定資産評価証明書を取得する場合は委任状を取得していれば、もちろん代理で取得

第4章　相続を原因とする所有権の登記の実行　　145

することは可能ですが、法務局によっては価格通知書交付申請書（法務局によって名称は区々）があり、登記申請をする場合に限って登記申請書に添付するために職権で評価証明書を取得することが可能です。

　評価証明書を委任状で取得すべきか、交付申請書で取得すべきか、資格者と確認する必要があるでしょう。

4　所有権移転登記の登記申請書の作成

（1）　所有権移転登記申請書の作成
　相続又は遺贈による所有権移転登記申請書を作成します。

（1）　所有権移転登記申請書の作成　■■■■■■■■■■■■■■■■■■■■

　遺贈以外の相続登記は相続人からの単独申請となります。申請人の表記として、被相続人たる所有権登記名義人の氏名を掲げ、その者が被相続人である旨をかっこ書きで記載し、その下に相続人の住所氏名を記載します。

　登記原因は、「相続」となりますが、数次相続の場合はその記載方法に注意を要します（上記 2 (3)①参照）。

　また、遺言に基づく所有権移転の場合は、登記原因が「相続」となるか「遺贈」となるかは遺言書の文言により解釈が異なります。

文言＼対象		相続人「全員」に対して	相続人「一部」に対して	相続人「以外」に対して
遺贈する	包括遺贈	相　続	遺　贈	遺　贈
	特定遺贈	遺　贈	遺　贈	遺　贈
相続させる		相　続	相　続	遺　贈

　登記原因が遺贈となる場合の所有権移転登記の申請形態は、遺言執行者がある場合

は遺言執行者と受遺者との共同申請となり、遺言執行者がない場合は相続人全員と受遺者との共同申請となります。

【参考書式15】　法定相続による所有権移転登記申請書

【参考書式16】　遺産分割による所有権移転登記申請書

【参考書式17】　遺言による所有権移転登記申請書

【参考書式18】　遺贈を原因とする所有権移転登記申請書

第4章　相続を原因とする所有権の登記の実行　　147

【参考書式15】　法定相続による所有権移転登記申請書

登　記　申　請　書

登 記 の 目 的　　所有権移転

原　　　　因　　○年○月○日　相続

相　続　人　　（被相続人○○○○）

　　　　　　　　○○市○○町1丁目2番地

　　　　　　　　　持分○分の○

　　　　　　　　　○○○○

　　　　　　　　○○市○○町3丁目4番地

　　　　　　　　　持分○分の○

　　　　　　　　　○○○○

添 付 情 報

　　　　登記原因証明情報※　　　住所証明情報　　　代理権限証明情報

○年○月○日申請　　○○法務局　　○○支局

代　理　人　　○○市○○町5丁目6番地

　　　　　　　　司法書士　　○○○○　　㊞

　　　　　　　　　電話番号　　○○○－○○○○－○○○○

課 税 価 格　　金○円

登 録 免 許 税　　金○円

不動産の表示　　〔省略〕

※登記原因証明情報として、被相続人たる所有権登記名義人の死亡によって相続が開始した
　こと及びその相続人が何人であるか明らかにするため被相続人の出生から死亡までが分
　かる戸籍謄本（全部事項証明書）・除籍謄本（除籍全部事項証明書）等、相続人全員の現在
　戸籍謄本（全部事項証明書）・戸籍抄本（一部事項証明書）及び相続関係説明図。法定相続
　情報証明をもってこれに代えることも可能です。

148　　　第4章　相続を原因とする所有権の登記の実行

【参考書式16】　遺産分割による所有権移転登記申請書

登　記　申　請　書

登 記 の 目 的　　所有権移転
原　　　　　因　　○年○月○日　相続
相　　続　　人　　（被相続人○○○○）
　　　　　　　　　○○市○○町1丁目2番地
　　　　　　　　　○○○○

添 付 情 報
　　　　登記原因証明情報※　　　住所証明情報　　　代理権限証明情報

○年○月○日申請　　○○法務局　　○○支局

代　　理　　人　　○○市○○町3丁目4番地
　　　　　　　　　司法書士　○○○○　㊞
　　　　　　　　　　電話番号　○○○－○○○○－○○○○
課 税 価 格　　金○円
登 録 免 許 税　　金○円
不 動 産 の 表 示　　〔省略〕

※登記原因証明情報として、被相続人たる所有権登記名義人の死亡によって相続が開始した
　こと及びその相続人が何人であるか明らかにするため被相続人の出生から死亡までが分
　かる戸籍謄本（全部事項証明書）・除籍謄本（除籍全部事項証明書）等、相続人全員の現在
　戸籍謄本（全部事項証明書）・戸籍抄本（一部事項証明書）及び相続関係説明図。法定相続
　情報証明をもってこれに代えることも可能です。
　また、遺産分割の協議の結果によるものですので、その遺産分割協議書（協議者全員の印
　鑑登録証明書付〔有効期限なし〕）の添付も要します。

第4章　相続を原因とする所有権の登記の実行　149

【参考書式17】　遺言による所有権移転登記申請書

登 記 申 請 書

登 記 の 目 的　　所有権移転
原　　　　因　　○年○月○日　相続
相　　続　　人　　（被相続人○○○○）
　　　　　　　　　○○市○○町1丁目2番地
　　　　　　　　　○○○○

添 付 情 報
　　　登記原因証明情報※　　住所証明情報　　代理権限証明情報

○年○月○日申請　○○法務局　○○支局

代　　理　　人　　○○市○○町3丁目4番地
　　　　　　　　　司法書士　○○○○　㊞
　　　　　　　　　　電話番号　○○○－○○○○－○○○○
課 税 価 格　　金○円
登 録 免 許 税　　金○円
不動産の表示　　〔省略〕

※法律的に有効な遺言書、被相続人の死亡が分かる戸籍謄本（全部事項証明書）・除籍謄本
　（除籍全部事項証明書）及び遺言書で指定を受けた方の戸籍謄本（全部事項証明書）・戸籍
　抄本（一部事項証明書）の添付を要します。
　遺言書があればその他の相続が開始したこと及びその相続人が何人であるか明らかにす
　るため被相続人の出生から死亡までが分かる戸籍謄本（全部事項証明書）・除籍謄本（除籍
　全部事項証明書）等、相続人全員の現在戸籍謄本（全部事項証明書）・戸籍抄本（一部事項
　証明書）までは不要です。

(注)　登記原因が遺贈となる場合の所有権移転登記は、原則どおり権利者と義務者との共同
　　　申請で行います（不登60）。登記義務者を遺言者（被相続人）、登記権利者を受遺者とする
　　　共同申請により、登記義務者側の登記申請行為は遺言執行者、遺言執行者がいない場合
　　　は遺言者の相続人全員が行います。受遺者の単独申請によることはできません（昭33・4・
　　　28民事甲779）。

150 第4章 相続を原因とする所有権の登記の実行

【参考書式18】 遺贈を原因とする所有権移転登記申請書

登 記 申 請 書

登 記 の 目 的　　所有権移転
原　　　　因　　○年○月○日　遺贈
権　利　者　　○○市○○町1丁目2番地
　　　　　　　　○○○○
義　務　者　　○○市○○町3丁目4番地
　　　　　　　　亡○○○○※1
添 付 情 報
　　　登記原因証明情報　　登記済権利証（登記識別情報）　　印鑑登録証明書※2
　　　住所証明情報　　代理権限証明情報※3

○年○月○日申請　○○法務局　○○支局

代　理　人　　○○市○○町5丁目6番地
　　　　　　　　司法書士　○○○○　㊞
　　　　　　　　　電話番号　○○○−○○○○−○○○○
課 税 価 格　　金○円
登 録 免 許 税　　金○円※4
不動産の表示　〔省略〕

※1　遺言執行者がなく相続人が申請人になる場合「亡A相続人a」と表記します。
※2　遺言執行者がある場合には、遺言執行者の印鑑登録証明書（昭30・8・16民甲1734）、遺言執行者がない場合には、遺言者の相続人全員の印鑑登録証明書を添付します。
※3　遺言執行者がある場合には、遺言書、遺言者の死亡が分かる戸籍謄本（全部事項証明書）・除籍謄本（除籍全部事項証明書）（昭59・1・10民三150）。代理人が申請するときは委任状を添付します。
　　遺言執行者がない場合には、相続証明情報（遺言者の相続人であることを証する戸籍謄本（全部事項証明書）・戸籍抄本（一部事項証明書）等）が必要になります（不登令7①五）。
※4　登録免許税は、受遺者が相続人であるか否かで異なります。受遺者が相続人でない場合は、不動産の価額の1,000分の20になります（登税別表1一（二）ハ）。受遺者が相続人である場合は、不動産の価額の1,000分の4になります。ただし、申請書に「受遺者が相続人であることを証する書面」（戸籍謄本（全部事項証明書）・戸籍抄本（一部事項証明書）等）が添付されなければなりません（平15・4・1民二1022第1　2）。

第 5 章

相続を原因とする
（根）抵当権等の
登記の実行

152

第1 抵当権に関する相続登記をする
1 抵当権者の地位を相続して登記する
＜フローチャート～抵当権者の地位の相続登記＞

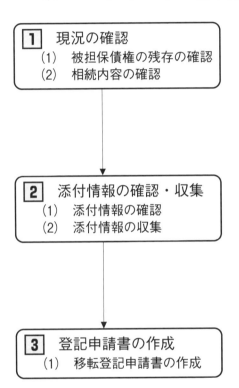

1 現況の確認

> **（1） 被担保債権の残存の確認**
> 　抵当権の被担保債権が相続発生時において現存しているかを確認します。
> **（2） 相続内容の確認**
> 　抵当権の承継先を特定するため、相続関係を確認します。

（1） 被担保債権の残存の確認 ■■■■■■■■■■■■■■■■■■■

　抵当権の被担保債権が相続発生前に既に弁済等により消滅している場合は、抵当権の付従性により、抵当権も弁済等消滅原因が生じた時点で既に消滅していることになります。相続発生前に抵当権が消滅していれば、消滅した権利の相続承継ということはありませんので、この場合は、抵当権の相続による移転は生じないことになります。

　実務上、被担保債権が既に弁済等により消滅しているにもかかわらず、抵当権抹消登記がなされないまま放置されているケースも少なくありません。まずは依頼者等関係者から抵当権の被担保債権が相続発生時においても現存しているかを確認し、現存していなければ抹消登記、現存していれば相続による抵当権移転登記を行うことになります。

（2） 相続内容の確認 ■■■■■■■■■■■■■■■■■■■■■■■■■

　抵当権者が死亡し相続が発生し、その時点で被担保債権が現存していれば、その抵当権者が有していた債権が相続人へ承継されることにより、それを担保する抵当権も当然にその相続人へ承継されます（抵当権の随伴性）。

　例えば、①被担保債権が金銭債権などの可分債権である場合、相続発生により法律上当然に分割され、各共同相続人が各相続分に応じて債権を承継しますし（最判昭29・4・8判タ40・20）、②建物の引渡請求権など不可分債権が被担保債権である場合は、共同相続人に不可分的に債権が帰属することになります。いずれの場合も、何もしなければ債権が共同相続人全員に帰属するため、そのまま共同相続人全員が抵当権者になります。

第5章　相続を原因とする（根）抵当権等の登記の実行　　155

　一方、特定の相続人を新たな抵当権者とするためには、相続開始前であれば遺言書の作成、相続開始後であれば共同相続人全員による遺産分割協議などにおいて被担保債権の承継者を定める必要があります。

　抵当権の被担保債権及び抵当権の相続による承継先を確認するために、抵当権者の遺言書の有無、相続関係、遺産分割協議の有無を調査確認する必要があります。

　関係当事者に遺言書の有無、抵当権者の家族関係、遺産分割協議の有無等を聴取し、その上で必要な戸籍等を収集して調査します。

ケーススタディ

Q　相続の対象である抵当権の被担保債権が金銭債権です。金銭債権が可分債権ということは、遺産分割協議により、共同相続人Ａ、Ｂに金銭債権200万円を100万円ずつ相続させた上で、抵当権もＡとＢそれぞれが単独で抵当権者になるように分割することはできますか。

A　抵当権の被担保債権が金銭債権で可分であったとしても、抵当権自体を分割することはできません。そのため、共同相続人Ａ、Ｂが被担保債権200万円を100万円ずつに分けて相続したとしても、抵当権はＡ、Ｂで準共有することになります。この場合、通常は各相続人の有する債権額に応じて抵当権の持分が算出されるため、その持分が登記事項になります。

2　添付情報の確認・収集

　(1)　添付情報の確認
　　抵当権移転登記に必要な書類を特定、確認します。
　(2)　添付情報の収集
　　抵当権移転登記に必要な書類の収集方法について打合せ、確認を行います。

(1)　添付情報の確認 ■■■■■■■■■■■■■■■■■■■■■■■■■

　抵当権の被担保債権を相続する者が決まり、新たな抵当権者が決定すれば、抵当権の移転登記を申請することになります。相続による抵当権移転登記の添付情報は下記のとおりです。

ア　登記原因証明情報

　相続による抵当権移転登記における登記原因証明情報とは、①抵当権者に相続が開始したこと、②法定相続人が確定していること、③抵当権を相続する者が確定していること、④登記記録上の抵当権者と被相続人が同一人であること、を証する書類のことをいいます。

　上記①～④を証する書類は、具体的には以下のとおりとなります。

① 抵当権者に相続が開始したこと	原則	被相続人である抵当権者の出生から死亡までの戸籍謄本（全部事項証明書）等一式（法定相続証明情報も可）
	例外（遺言書が作成されている場合）	被相続人である抵当権者が死亡したことを確認できる戸籍謄本（全部事項証明書）等のみ
② 法定相続人が確定していること	原則	法定相続人全員の現在戸籍謄（抄）本（全部（一部）事項証明書）（法定相続証明情報も可）
	例外1（代襲相続が発生している場合）	被代襲者の出生から死亡までの戸籍謄本（全部事項証明書）等一式
	例外2（子や配偶者以外の者が法定相続人となる場合）	先順位者が死亡したことを確認できる戸籍謄本（全部事項証明書）等。さらに、兄弟姉妹が法定相続人となる場合は、先順位者である両親の出生から死亡までの戸籍謄本（全部事項証明書）等一式も必要となります。
	例外3（遺言書が作成されている場合）	相続人又は受遺者の現在戸籍謄（抄）本（全部（一部）事項証明書）
③ 抵当権を相続する者が確定していること	遺産分割協議により確定した場合※1	法定相続人全員の印鑑登録証明書を添付した遺産分割協議書（ただし、申請人となる相続人の印鑑登録証明書は添付がなくても可）

	遺言書に記載されていた場合	公正証書遺言又は検認済みの自筆証書遺言
	相続放棄をした者がいる場合	相続放棄申述受理証明書
	特別受益により抵当権者とならない相続人がいる場合	特別受益証明情報
④ 登記記録上の抵当権者と被相続人が同一人であること※2	同一人であることを判断する要素は、被相続人の住所及び氏名です。具体的な書面としては、住所については「被相続人である抵当権者の登記記録上の住所から最後の住所までのつながり（沿革）が確認できる住民票の除票の写し又は戸籍の除附票の写し等」、氏名については「被相続人である抵当権者の登記記録上の氏名から最後の氏名までのつながり（沿革）が確認できる戸籍謄（抄）本（全部（一部）事項証明書）等」が該当します。	

※1 登記手続法上、相続登記手続で使用する印鑑登録証明書には作成期限は定められていませんので、相続による抵当権移転登記においても、作成から3か月を経過した印鑑登録証明書を使用することができます。

なお、金融機関等における預貯金の相続手続では、提出すべき印鑑登録証明書に作成から3か月以内等の期限が設けられている場合がありますので、注意が必要です。

※2 【被相続人の登記記録上の住所から最後の住所までの沿革の付く住民票の除票の写し又は戸籍の除附票の写しを取得できなかった場合】

一般的には以下のいずれかの書面を添付することで、それに代えることができることとされています。

① 被相続人が登記をした際に発行された権利証（登記済権利証（登記識別情報通知））

② 相続人全員が作成した上申書（印鑑登録証明書付）及び被相続人宛の本年度固定資産税納税通知書

③ 相続人全員が作成した上申書（印鑑登録証明書付）及び不在籍不在住証明書

上記①～③のいずれも手配できない場合は、管轄法務局の登記官へ問合せをして添付すべき書面を確認しましょう。

イ 代理権限証明情報

任意代理人による代理で登記申請を行う場合は、抵当権の相続人から代理人に対する委任状を添付することになります。一方、相続人が未成年者や被後見人であるなど、本人に代わって法定代理人が登記申請をする場合には、戸籍謄本（全部事項証明書）や後見登記事項証明書の添付が必要です。

(2) 添付情報の収集 ■■■■■■■■■■■■■■■■■■■■■■■■

相続による抵当権移転登記には種々の添付情報の添付が必要になります。依頼者との打合せにおいて必要な添付情報を的確に案内し、当該書類をスムーズに収集することができるようにしましょう。

相続による抵当権移転登記に必要な添付情報のうち、戸籍類は司法書士の職権によって代理取得することも可能ですので、戸籍関係を依頼者自身で収集するか、職権取得を依頼されるかについて打合せしておくことが必要です。通常、依頼者自身によって戸籍を取得する場合、一度で完全な戸籍を収集しきることは難しいと想定されますので、依頼者自身が収集する場合であっても、収集状況を司法書士によって都度確認することが好ましいといえます。

その他、登記済権利証（登記識別情報通知）や印鑑登録証明書は依頼者に準備してもらわなければならないものになりますので、依頼者に準備してもらうものとして案内しておく必要があります。

依頼者側で準備してもらうものについては受任時にリスト化して明確に示しておくとよいでしょう。

3 登記申請書の作成

> ### (1) 移転登記申請書の作成
>
> 相続による抵当権移転登記申請書を作成します。

(1) 移転登記申請書の作成 ■■■■■■■■■■■■■■■■■■■■

相続による抵当権移転登記の登記申請書を作成する際のポイントは、以下のとおりです。

① 登記の目的

抵当権が被相続人から相続人へ移転しますので、「○番抵当権移転」が登記の目的となります。

② 申請人

抵当権者の地位を承継した相続人が申請人となります。抵当権の設定者や債務者は申請人にはなりません。相続人が複数の場合はその相続人全員（合同申請）が、相続人が1人の場合はその相続人のみ（単独申請）が申請人となります。相続人が複数の場合、そのうちの1人が申請人となって相続人全員のために抵当権移転登記を申請することもできますが（保存行為）、その場合は他の相続人について抵当権者としての登記識別情報通知（いわゆる権利証）が交付されないことに注意してください。

③ 登記原因

原則として「相続」を登記原因とし、抵当権者の死亡日を原因年月日とします。ただし、遺産分割協議により新たな抵当権者を決定した場合は、「遺産分割」を登記原因とすることもあります。

④ 登記事項

抵当権者の相続人が複数である場合は、各人の持分が登記事項となります。

⑤ 登録免許税

課税価額を債権額とし（1,000円未満切捨て）、その課税価額に1,000分の1の税率を乗じて得た額が登録免許税（100円未満切捨て）となります（登税別表1－（六）イ）。

【参考書式19】　抵当権移転登記申請書（「相続」を原因とする場合）

【参考書式20】　抵当権移転登記申請書（「遺産分割」を原因とする場合）

ケーススタディ

Q 抵当権者だった父が亡くなりました。父の死後、登記手続をしないでいる間に、債務者から貸付金全額の返済を受けました。このような場合でも、相続による抵当権の移転登記をしなければならないでしょうか。

A 抵当権者に相続が発生した後、相続による抵当権移転登記をしないでいる間に抵当権が消滅した場合であっても、その抵当権の抹消登記をするためには、前提として相続による抵当権移転登記を申請しなければなりません。なぜなら、「①抵当権者の死亡（抵当権者の地位を相続）→②抵当権の消滅」という時系列で事実が生じている以上、登記記録にはその事実の流れを適確に反映させる必要があるためです。

| アドバイス |

○遺産分割協議を行った場合の登記原因

　抵当権の被担保債権について共同相続人間で遺産分割協議を行った場合は、既に共同相続人名義とする抵当権移転登記がなされているか否かにより登記原因が変わるため、注意が必要です。

　具体的な登記は下表のとおりです。

		登　記
抵当権の共同相続登記	なし	「相続」を登記原因とする抵当権移転登記
	あり	「遺産分割」を登記原因とする抵当権移転登記※

※日付は、遺産分割の協議若しくは調停の成立した日又はその審判が確定した日になります。

第5章　相続を原因とする（根）抵当権等の登記の実行　　　161

【参考書式19】　抵当権移転登記申請書（「相続」を原因とする場合）

登 記 申 請 書

登 記 の 目 的　　○番抵当権移転

原　　　　因　　○年○月○日　相続

抵 当 権 者　　（被相続人○○○○）

　　　　　　　　○○県○○市○○町1丁目2番3号

　　　　　　　　　持分2分の1

　　　　　　　　　○○○○

　　　　　　　　○○県○○市○○町4丁目5番6号

　　　　　　　　　持分2分の1

　　　　　　　　　○○○○

添 付 情 報

　　　登記原因証明情報　　代理権限証明情報

課 税 価 格　　　金1,000万円

登 録 免 許 税　　金1万円

〔以下省略〕

【参考書式20】　抵当権移転登記申請書（「遺産分割」を原因とする場合）

登 記 申 請 書

登 記 の 目 的　　○番抵当権移転

原　　　　因　　○年○月○日　遺産分割

抵 当 権 者　　（被相続人○○○○）

　　　　　　　　○○県○○市○○町1丁目2番3号

　　　　　　　　○○○○

添 付 情 報

　　　登記原因証明情報　　代理権限証明情報

課 税 価 格　　　金1,000万円

登 録 免 許 税　　金1万円

〔以下省略〕

2 債務者の地位を相続して登記する

＜フローチャート～債務者の地位の相続登記＞

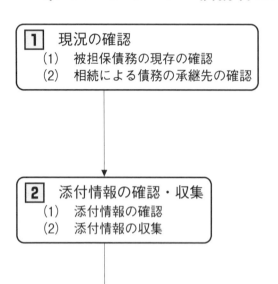

第5章　相続を原因とする（根）抵当権等の登記の実行　　163

1　現況の確認

（1）　被担保債務の現存の確認

　抵当権の被担保債務が相続発生時において現存しているかを確認します。

（2）　相続による債務の承継先の確認

　抵当権の被担保債務の承継先を特定するため、相続関係及び債務引受の有無を確認します。

（1）　被担保債務の現存の確認 ■■■■■■■■■■■■■■■■■■■■

　抵当権の被担保債務が相続発生前に既に弁済等により消滅している場合は、抵当権の付従性により、抵当権も弁済等消滅原因が生じた時点で既に消滅していることになります。相続発生前に被担保債務が消滅していれば、消滅した債務の相続承継ということはありませんので、抵当権の債務の相続による変更は生じず、この場合は抵当権の抹消登記を行うということになります。

　実務上、被担保債務が既に弁済等により消滅しているにもかかわらず、抵当権抹消登記がなされないまま放置されているケースも少なくありません。まずは、依頼者等関係者から抵当権の被担保債務が相続発生時においても現存しているかを確認し、現存していなければ抹消登記、現存していれば相続による抵当権の債務者変更登記を行うことになります。

（2）　相続による債務の承継先の確認 ■■■■■■■■■■■■■■■■■■■

　抵当権の債務者に相続が発生した場合も、抵当権者の相続と同様、抵当権の附従性により、どの相続人が被担保債務を相続するかによって誰が債務者の地位を承継するのかが決定します。

　債務者の相続発生により、基本的には、何もしなければ債務が共同相続人全員に帰属するため、そのまま共同相続人全員が抵当権の債務者になります。

　そこで、共同相続人の中から特定の者を抵当権の債務の承継者としたいときに、相続人間の遺産分割協議によって債務の承継者を決めることができるかどうかという問

題が考えられます。この点、債務は遺産分割の対象とならないとされている一方で、相続人間で債務の遺産分割協議が行われた場合は、債務を承継するとされた者が他の相続人の債務について債務引受をなしたものとみなされるとしています。遺産分割協議によって債務の引受が行われた場合、当該債務の引受の効力は相続人間では有効になりますが、債権者がこの債務の引受を承諾しなければ債権者にはその効力を主張できないことになります。逆に債権者が相続人間の遺産分割協議でなされた債務の引受による特定の相続人への債務の承継を承認すれば、遺産分割協議の遡及効により、被相続人の相続開始の時に遡って抵当権の被担保債務を特定の相続人が承継することになります。この場合は、法定相続人全員の相続による債務者変更登記を経ることなく、相続を原因として特定の相続人を債務者とする債務者変更登記をすることができるとされています（昭33・5・10民事甲964）。

　一方、新たな債務者を、遺産分割によらず、債権者と相続人全員との間の債務引受（免責的債務引受）によって決定することも考えられます。この場合は、抵当権の債務者を一旦法定相続人全員に相続によって承継する変更登記を行った上で、免責的債務引受を原因として相続債務を引き受けた相続人に債務者を変更する登記を行うことになります。

　以上のように、抵当権の債務者に相続が発生した場合は、①遺産分割協議及び債権者の承認、又は②債務引受のいずれかによって債務の承継先が決まることになります。

　抵当権者が金融機関である場合などは、債務引受による場合も少なくありません。まずは遺産分割承認型、債務引受型どちらのケースに該当する案件かを確認することが重要です。

```
┌─────────── アドバイス ───────────┐
```

○免責的債務引受

　免責的債務引受とは、債務が同一性を保ったまま新債務者へ移転し、旧債務者が離脱する債務引受のことです。そのため、免責的債務引受契約では、新債務者と旧債務者が併存する重畳的債務引受とは異なり、債権者が害される可能性が高いため、債権者の関与なしに効力が発生することはありません。現行民法では債務引受に関する規定はありませんが、実務上異論なく行われており、債権者の立場を考慮した契約方法をとることとされています。契約方法は、下記の3つに限られています。

① 三面契約（債権者・旧債務者・新債務者の三者間の契約）
② 債権者・新債務者間の契約（ただし、旧債務者の意思に反するときは不可）
③ 旧債務者・新債務者間の契約（ただし、債権者の承諾を停止条件とする。）

第5章　相続を原因とする（根）抵当権等の登記の実行　　165

　抵当権の被担保債務についてこの免責的債務引受をした場合には、随伴性により抵当権の債務者も当然に変更されることになります。ただし、例外として、抵当権設定者が債務者以外の者（物上保証人）であり、かつ、その者の承諾が得られない場合には、債務引受契約の締結日を原因日付として抵当権が消滅してしまいます。これは、他人の債務のために自分の不動産を担保として提供している物上保証人にとって、誰が債務者であるかということに重大な利害を有するためです。そのため、債務引受により債務者を変更する抵当権が物上保証である場合は、債権者・旧債務者・新債務者に加えて、物上保証人の関与も必要になりますので、注意が必要となります。

○免責的債務引受と民法改正

　現行法上、債務引受に関する条文規定はなく、債務引受契約に関しては判例を基準に実務上の運用がなされていました。

　令和2年4月1日施行の改正民法（債権法）では、債務引受に関する条文が新設され、明文化されることになり、現在の実務上の運用は改正後に変わることが予測されます。

　改正民法下では、免責的債務引受は以下のように規定されます。

① 　免責的債務引受契約は、債権者・債務者・引受人の三者間契約だけでなく、債権者と引受人間あるいは債務者と引受人間でもこれをすることができる（改正民（債権）472②③）。

② 　債権者と引受人間の契約の場合、債権者が債務者に対して免責的債務引受契約を締結した旨を通知した時にその効力が生じる。現行取扱いと異なり、債務者の意思に反した場合でも有効となる（同472②後段）。

③ 　債務者と引受人間の契約の場合、債権者が引受人に対して、免責的債務引受を承諾した時にその効力が生じる（同472③）。なお、承諾の効果は遡及しない。

④ 　引受人は債務者に対して求償権を有しない（同472の3）。

⑤ 　引受人は債務者が主張し得た抗弁をもって債権者に対抗することができる（同472の2①）。

⑥ 　引受人は、債務者が債権者に対して有する取消権や解除権を行使することができないが、債権者に対して債務の履行を拒絶することができる（同471②）。

　また、改正民法下では、免責的債務引受による抵当権の債務者変更は以下のように規定されます。

① 　抵当権の債務者変更には、債権者の引受人に対する意思表示が必要（改正民（債権）472の4①②）。

② 　上記意思表示は抵当権の附従性の観点から、あらかじめ又は免責的債務引受契約と同時にしなければならない（同472の4②）。

③ 　引受人以外の者が抵当権の設定者である場合、当該設定者の承諾が必要（同472の4①ただし書）。

④　引受人以外の者が保証人である場合、保証人の書面（電磁的記録を含む。）による承
　諾が必要（同472の4③～⑤）。
　　民法改正後は、上記明文規定を基準に免責的債務引受契約とそれに伴う抵当権の債務
者変更登記を行う必要があることに留意しなければなりません。

ケーススタディ

Q　抵当権の債務者である父が亡くなってから5年以上が経過しています。今から
でも、ひとり息子である私を新たな債務者に変更することは可能でしょうか。

A　相続による抵当権の債務者変更に、法律上、期間の制限は設けられていませんの
で、相続開始から何年経過していたとしても、債務者を変更することは可能です。

2　添付情報の確認・収集

（1）　添付情報の確認
　　抵当権の債務者変更登記に必要な書類を特定、確認します。
（2）　添付情報の収集
　　抵当権の債務者変更登記に必要な書類の収集方法について打合せ、確認
を行います。

（1）　添付情報の確認 ■■■■■■■■■■■■■■■■■■■■■■■■■■

　抵当権の債務者の相続により、誰が被担保債務を相続するか決定したら、抵当権の
債務者変更登記を申請することになります。添付情報は下記のとおりです。
　ア　登記原因証明情報
　相続による抵当権の債務者変更登記における登記原因証明情報では、①債務者に相
続が開始したこと、②法定相続人が確定していること、③新たな債務者が決定してい

第5章　相続を原因とする（根）抵当権等の登記の実行　　167

ること、④登記記録上の債務者と被相続人が同一人であること、を法務局に対して証明します。抵当権の債務者変更登記手続では、通常、上記①～④を内容とする報告形式の登記原因証明情報を作成します。

　具体的には、下記のとおりです。

　　（ア）　遺産分割協議による場合

　新たな債務者となる相続人が被担保債務を引き受けることに対して、「債権者が承諾した旨」を内容とする点がポイントです。詳細については【参考書式21】記載のとおりです。

　　（イ）　債務引受による場合

　債務引受により債務者を決定した場合は、遺産分割協議と異なり遡及効がないことから、一旦「相続」を原因として相続人全員を債務者とした後、「債務引受」を原因として最終的な新たな債務者へ変更するというように、2個の登記原因が必要になります。詳細については【参考書式22】記載のとおりです。

　イ　登記済権利証（登記識別情報通知）

　登記義務者である所有権登記名義人に関する登記済権利証（登記識別情報通知）の提供が必要です。

　ウ　会社法人等番号

　抵当権者が金融機関である場合など、申請人又は申請代理人が会社法人等番号を有する法人である場合は、会社法人等番号を添付情報として提供します。実際には、申請情報に直接記載する方法によります（【参考書式23】～【参考書式25】参照）。

　ただし、会社法人等番号を有する法人であっても、その法人の代表者の資格証明情報（作成後1か月以内の登記事項証明書）を添付する場合には、会社法人等番号の提供は不要となります。

　エ　代理権限証明情報

　任意代理人による代理で登記申請を行う場合は、被担保債務の相続人から代理人に対する委任状を添付することになります。なお、債務引受により債務者を決定した場合は、必要な登記が2件になりますので、2件分の委任状が必要です。

　一方、相続人が未成年者や被後見人であるなど、本人に代わって法定代理人が登記申請をする場合には、戸籍謄本（全部事項証明書）や後見登記事項証明書の添付が必要です。

【参考書式21】　遺産分割協議による債務者変更に関する登記原因証明情報（報告形式）

【参考書式22】　債務引受による債務者変更に関する登記原因証明情報（報告形式）

アドバイス

○印鑑登録証明書が添付情報となるケース

登記申請をする際、通常登記義務者が所有権登記名義人である場合は、その者の印鑑登録証明書を添付しなければなりません。ただし、抵当権の債務者変更登記においては、所有権登記名義人が登記義務者となりますが、例外的に印鑑登録証明書の添付は不要とされています。

しかし、例外の例外として、抵当権の債務者変更登記において所有権登記名義人が登記済権利証（登記識別情報通知）を提供することができない場合、つまり、事前通知又は資格者代理人による本人確認情報により抵当権の債務者変更登記を申請する場合は、登記義務者である所有権登記名義人の印鑑登録証明書の添付が必要となります。

債務者変更の依頼を受けたときは、なるべく早い段階で、まずは所有権登記名義人が登記済権利証（登記識別情報通知）を提供できるのか確認をし、その上で当事者に揃えてもらうべき登記必要書類を案内するようにしましょう。

○添付情報以外に必要となる資料

抵当権の債務者変更登記に添付すべき情報としては、①報告形式の登記原因証明情報、②登記済権利証（登記識別情報通知）、③代理権限証明情報になります。報告形式の登記原因証明情報さえ提出すれば、戸籍関係は法務局へ提出不要となるわけです。

しかし、法務局へ提出するか否かにかかわらず、登記を申請する前提として、また報告形式の登記原因証明情報を作成する前提として、戸籍謄本（全部事項証明書）等を収集して相続人を確認することは実務上大切なことですので、必ず行いましょう。具体的には、被相続人である債務者の出生から死亡までの戸籍謄本（全部事項証明書）等一式や、法定相続人全員の現在戸籍謄本（全部事項証明書）など、抵当権者の相続による登記と同様の戸籍謄本（全部事項証明書）等を収集することになります。

(2) 添付情報の収集 ■■■■■■■■■■■■■■■■■■■■■■■■■■

相続による抵当権の債務者変更登記には種々の添付情報の添付が必要になります。依頼者との打合せにおいて当該書類をスムーズに収集することができるよう差配することが肝要になります。

相続による抵当権の債務者変更登記については、債務者の相続に関する証明は戸籍謄本（全部事項証明書）等に代えて報告形式の登記原因証明情報をもって行うことができます。ただし、当該登記原因証明情報を正確に作成するためには、他の相続登記を行うのと同程度の戸籍等の公的証明を入手確認して行う必要があります。登記に添

付する必要はないものの、登記原因証明情報を作成するために、戸籍謄本（全部事項証明書）等相続証明は入手確認しなければなりません。

その他、登記済権利証（登記識別情報通知）や印鑑登録証明書は依頼者に準備してもらわなければならないものになりますので、依頼者に準備してもらうものとして案内しておく必要があります。

依頼者側で準備してもらうものについては受任時にリスト化して明確に示しておくことが肝要です。特に、依頼者に戸籍謄本（全部事項証明書）等相続証明を用意してもらう場合は、誰の何が必要か細かくリスト化して案内しておくべきです。

170 第5章 相続を原因とする（根）抵当権等の登記の実行

【参考書式21】 遺産分割協議による債務者変更に関する登記原因証明情報（報告形式）

登記原因証明情報

1 登記申請情報の要項 〔省略〕
2 登記の原因となる事実又は法律行為
 (1) 株式会社Ｘ銀行と亡○○○○は、株式会社Ｘ銀行と亡○○○○が○年○月○日締結した金銭消費貸借契約に基づく債務を担保するため、○年○月○日抵当権設定契約を締結し、○年○月○日○○法務局○○支局受付第○○○○号にて後記物件に対して抵当権設定登記がなされた。抵当権の内容は下記のとおりである。

記

債権額　金○○○○万円
利　息　年○％（年365日日割計算）
損害金　年○％（年365日日割計算）
債務者　○○県○○市○○町1丁目2番3号
　　　　○○○○

 (2) ○○○○は○年○月○日死亡した。
 (3) 亡○○○○の相続人は下記のとおりである。

記

○○県○○市○○町4丁目5番6号
○○○○
○○県○○市○○町7丁目8番9号
○○○○

 (4) ○年○月○日、相続人○○○○及び○○○○の間で、亡○○○○が抵当権者 株式会社Ｘ銀行に対して負担していた上記債務を、相続人○○○○が引き受ける旨の遺産分割協議が成立した。
 (5) 同日、株式会社Ｘ銀行は、上記(4)の債務引受に関する遺産分割協議を承諾した。
 (6) よって、抵当権者 株式会社Ｘ銀行と設定者○○○○は、次のとおり本件抵当権を変更する。

変更後の事項
債務者　○○県○○市○○町7丁目8番9号
　　　　○○○○

〔以下省略〕

第5章　相続を原因とする（根）抵当権等の登記の実行　　　171

【参考書式22】　債務引受による債務者変更に関する登記原因証明情報（報告形式）

(1／2)

登記原因証明情報

1　登記申請情報の要項　〔省略〕
2　登記の原因となる事実又は法律行為
　(1)　株式会社Ｘ銀行と亡〇〇〇〇は、株式会社Ｘ銀行と亡〇〇〇〇が〇年〇月〇日締結した金銭消費貸借契約に基づく債務を担保するため、〇年〇月〇日抵当権設定契約を締結し、〇年〇月〇日〇〇法務局〇〇支局受付第〇〇〇〇号にて後記物件に対して抵当権設定登記がなされた。抵当権の内容は下記のとおりである。

記

　　　　債権額　金〇〇〇〇万円
　　　　利　息　年〇％（年365日日割計算）
　　　　損害金　年〇％（年365日日割計算）
　　　　債務者　〇〇県〇〇市〇〇町1丁目2番3号
　　　　　　　　〇〇〇〇

　(2)　〇〇〇〇は〇年〇月〇日死亡した。
　(3)　亡〇〇〇〇の相続人は下記のとおりである。

記

　　　　〇〇県〇〇市〇〇町4丁目5番6号
　　　　〇〇〇〇
　　　　〇〇県〇〇市〇〇町7丁目8番9号
　　　　〇〇〇〇

〔以下省略〕

(2／2)

登記原因証明情報

1　登記申請情報の要項　〔省略〕
2　登記の原因となる事実又は法律行為
　(1)　株式会社Ｘ銀行と亡〇〇〇〇は、株式会社Ｘ銀行と亡〇〇〇〇が〇年〇月〇日

締結した金銭消費貸借契約に基づく債務を担保するため、○年○月○日抵当権設定契約を締結し、○年○月○日○○法務局○○支局受付第○○○○号にて後記物件に対して抵当権設定登記がなされた。抵当権の内容は下記のとおりである。

記

債権額　金○○○○万円

利　息　年○％（年365日日割計算）

損害金　年○％（年365日日割計算）

債務者　○○県○○市○○町1丁目2番3号

　　　　○○○○

(2)　○○○○は○年○月○日死亡した。

(3)　亡○○○○の相続人は○○○○及び○○○○である。

(4)　上記(1)の契約及び債務者○○○○の死亡により、○○○○が抵当権者 株式会社X銀行に対して負担している債務につき、○年○月○日○○○○に代わって○○○○がこれを免責的に引き受け、かつ原契約の約定に従って債務を履行する旨を○○○○、○○○○及び抵当権者 株式会社X銀行は合意した。

(5)　よって、抵当権者 株式会社X銀行と設定者○○○○は、次のとおり本件抵当権を変更する。

変更後の事項

債務者　○○県○○市○○町4丁目5番6号

　　　　○○○○

〔以下省略〕

※民法（債権法）改正後の登記原因証明情報　　　　　　　　　　　　　　（2／2）

登記原因証明情報

1　登記申請情報の要項　〔省略〕

2　登記の原因となる事実又は法律行為

(1)　株式会社X銀行と亡○○○○は、株式会社X銀行と亡○○○○が○年○月○日締結した金銭消費貸借契約に基づく債務を担保するため、○年○月○日抵当権設定契約を締結し、○年○月○日○○法務局○○支局受付第○○○○号にて後記物件に対して抵当権設定登記がなされた。抵当権の内容は下記のとおりである。

第5章　相続を原因とする（根）抵当権等の登記の実行　173

記

　　　　債権額　金○○○○万円

　　　　利　息　年○％（年365日日割計算）

　　　　損害金　年○％（年365日日割計算）

　　　　債務者　○○県○○市○○町1丁目2番3号

　　　　　　　　○○○○

(2)　○○○○は○年○月○日死亡した。

(3)　亡○○○○の相続人は○○○○及び○○○○である。

(4)　上記(1)の契約及び債務者○○○○の死亡により、○○○○が抵当権者 株式会社X銀行に対して負担している債務につき、○年○月○日○○○○に代わって○○○○がこれを免責的に引き受け、かつ原契約の約定に従って債務を履行する旨を○○○○及び抵当権者 株式会社X銀行は約定した。

(5)　同日、抵当権者 株式会社X銀行は債務者○○○○に対して上記(4)の約定をした旨を通知した。

(6)　抵当権者 株式会社X銀行は上記(4)の約定の際に、引受人○○○○に対して本件抵当権を引受人○○○○が引き受けた債務に移す旨の意思表示をした。

(7)　よって、抵当権者 株式会社X銀行と設定者○○○○は、次のとおり本件抵当権を変更する。

　　　　変更後の事項

　　　　債務者　○○県○○市○○町4丁目5番6号

　　　　　　　　○○○○

〔以下省略〕

3 登記申請書の作成

> ### (1)　債務者変更登記申請書の作成
> 抵当権の債務者変更登記申請書を作成します。

(1)　債務者変更登記申請書の作成 ■■■■■■■■■■■■■■■■■

　抵当権の債務者の地位が相続された場合に登記申請書を作成する際のポイントは、以下のとおりです。

① 登記の目的

　抵当権の債務者が被相続人から相続人へ変更になりますので、「○番抵当権変更」が登記の目的となります。

② 申請人

　抵当権の債務者の変更は、あくまで抵当権の変更ですので、抵当権者と抵当権設定者が申請人となります（共同申請）。抵当権者が登記権利者、抵当権設定者が登記義務者です。抵当権の債務者は申請人になりません。

③ 登記原因

　新たな債務者を遺産分割協議によって決定したか、債務引受によって決定したかにより、登記原因が異なります。具体的には、下表のとおりです。

> 例　債権者X、債務者A間の債務を担保するため、Aが所有する不動産に抵当権を設定した後、Aが死亡した。相続人は子のB及びCであり、新たな債務者をCとする。

	新たな債務者の決定方法	登記原因
①	遺産分割協議により、CがXの承諾を得て、新たな債務者となった場合	「相続」※1
②	CがBの債務を引き受ける旨の債務引受契約を締結した場合	①「相続」※1 ※2 ②「Bの債務引受」※3

　※1　原因日付は、「債務者の死亡日」となります。なお、債務者が複数である場合は、「連帯債務者Aの相続」などと、相続が発生した債務者を特定します。

第5章　相続を原因とする（根）抵当権等の登記の実行　　175

　　※2　この登記により、一旦、B、Cが債務者となります。

　　※3　原因日付は、「債務引受契約の成立日」となります。

④　登記事項

　　「変更後の事項」として、新たな債務者の住所及び氏名が登記事項となります。

⑤　登録免許税

　　不動産1個につき1,000円です（登税別表1－（十四））。

【参考書式23】　抵当権の債務者の変更登記申請書（遺産分割協議による場合）

【参考書式24】　抵当権の債務者の変更登記申請書（債務引受による場合）

【参考書式25】　抵当権の債務者の変更登記申請書（連帯債務者の相続による場合）

ケーススタディ

【ケース1】

Ｑ　夫がマイホームを購入したとき、住宅ローン（抵当権）の設定と共に団体信用
　　生命保険（団信）へ加入をしていました。先日、夫が亡くなりましたので、抵当
　　権の抹消登記を申請するつもりです。その際、抵当権の債務者について、夫から
　　相続人へ変更した旨の登記を申請しなければならないでしょうか。

Ａ　マイホームの購入者が、住宅ローンの設定契約をする際に団体信用生命保険（団
　　信）に加入していた場合、万一ローン返済前にその購入者（建物所有者）が死亡
　　したときには、保険金により残りの住宅ローンが返済されます。したがって、こ
　　の場合、建物に関する相続による所有権移転登記を申請するとともに、抵当権の
　　抹消登記を申請することになります。そこで、抵当権の債務者にも相続が発生し
　　ていることになるため、相続による抵当権の債務者変更登記も必要なのではと考
　　えてしまいがちですが、債務者変更登記をしなくてもその抵当権の抹消登記は受
　　理されます。

　　　なお、相続登記と抹消登記を連件申請することももちろん可能ですが、抵当権
　　者が金融機関である場合は、まず先に相続登記のみを申請した後、相続登記完了
　　後の不動産登記事項証明書と引き換えに抹消書類（解除証書や登記済権利証（登
　　記識別情報通知）など）を交付する手続をとっている金融機関も少なくありませ
　　んので、まず登記手続の準備に入る前に、抵当権者である金融機関へ問合せをす
　　るようにしましょう。

176　　第5章　相続を原因とする（根）抵当権等の登記の実行

【ケース2】

Q　現在、自宅に抵当権が設定されていますが、その債務者はAとBの連帯債務です。この度、Aが亡くなり、抵当権者である株式会社X銀行から債務者変更の登記を申請する旨の話がありました。亡Aの相続人はB及びCです。この場合の手続は、単独債務者に相続が発生した場合と異なる点はあるのでしょうか。

　また、亡Aの債務を相続する者をBとする場合とCとする場合で、手続に違いはあるのでしょうか。

A　連帯債務者の1人に相続が発生した場合、新たに債務を引き継ぐ者を決定する方法は、単独債務者に相続が発生した場合と同様、遺産分割協議又は債務引受によることになります。

　一方、登記手続においては、単独債務者の相続である場合と異なり、「相続」を原因とする債務者変更登記を申請する際に、連帯債務者のうちいずれの債務者に関する登記であるか示すため、「○年○月○日　連帯債務者Aの相続」というように登記原因に被相続人を明記します。

　また、債務引受によって新たな連帯債務者を決定する場合では、亡Aの債務を承継する者がBである場合とCである場合では、登記手続において違いが生じます。

　債務引受によって新たな連帯債務者を決定する場合、通例どおりまずは「相続」を原因とする債務者変更登記を申請することになりますが、その登記により、既に抵当権の連帯債務者であるBは、①「株式会社X銀行に対して負担していたB固有の債務」に加え、②「亡Aが株式会社X銀行に対して負担していた債務を相続によって承継した相続債務」の2種類の債務を負担する状態になります。

　そのため、その後、相続債務に関し、亡Aの相続人Bの相続債務を免責的債務引受により相続人Cが引き受ける場合には、登記上、Bが負担している2種類の債務のうちいずれの債務を引き受けるのか示して公示する必要があると考えられます。

　すなわち、債務引受の登記の登記原因において「年月日B（年月日Aの相続により承継した債務）の免責的債務引受」とし、変更後の事項を「変更後の事項　連帯債務者C」として公示することが考えられます。ただし、この点については、実務上、法務局の考え方も統一されたものはないように見受けられますので、実際に行う場合は事前に法務局と協議してから実行する必要があると思われます。

第5章　相続を原因とする（根）抵当権等の登記の実行　177

　一方、亡Ａの相続によって承継したＣの相続債務をＢが免責的債務引受する場合は、上記のような引き受ける債務を特定して公示する必要性がないことから、単に登記原因を「年月日Ｃの免責的債務引受」とし、変更後の事項を「変更後の事項　連帯債務者Ｂ」とする債務者変更登記を行えばよいことになります。

補助者業務のポイント

○作成すべき書類の情報共有

　抵当権の相続、特に債務者の相続に関する登記については、債務の承継が遺産分割承認型なのか債務引受型なのかによって作成すべき書類が大きく異なることになります。手法を取り違えてしまうと、書類を全て作成し直す必要が生じ、添付情報の収集で大きく時間をロスすることにもなります。

　債務の承継手法について早い段階で資格者と手法に関する情報を共有しておき、作成すべき書類を取り違えることのないように差配することが大切です。

178　　第5章　相続を原因とする（根）抵当権等の登記の実行

【参考書式23】　抵当権の債務者の変更登記申請書（遺産分割協議による場合）

登 記 申 請 書

登記の目的　　〇番抵当権変更

原　　　因　　〇年〇月〇日　相続

変更後の事項　債務者　〇〇県〇〇市〇〇町1丁目2番3号

　　　　　　　　　　　〇〇〇〇

当　事　者　権利者　〇〇県〇〇市〇〇町4丁目5番6号

　　　　　　　　　　　株式会社X銀行

　　　　　　　　　　　代表取締役〇〇〇〇

　　　　　　　　　　　（会社法人等番号〇〇〇〇－〇〇－〇〇〇〇〇〇）

　　　　　　　義務者　〇〇県〇〇市〇〇町7丁目8番9号

　　　　　　　　　　　〇〇〇〇

　　　　　　　　　　　〇〇県〇〇市〇〇町1丁目2番3号

　　　　　　　　　　　〇〇〇〇

添 付 情 報

　　　登記原因証明情報　　登記識別情報　　会社法人等番号　　代理権限証明情報

登 録 免 許 税　　金1,000円

〔以下省略〕

第5章　相続を原因とする（根）抵当権等の登記の実行　　179

【参考書式24】　抵当権の債務者の変更登記申請書（債務引受による場合）

(1／2)

登 記 申 請 書

登 記 の 目 的　　○番抵当権変更
原　　　因　　○年○月○日　相続
変更後の事項　　債務者　○○県○○市○○町1丁目2番3号
　　　　　　　　　　　　○○○○
　　　　　　　　　　　　○○県○○市○○町4丁目5番6号
　　　　　　　　　　　　○○○○
当　事　者　　権利者　○○県○○市○○町○丁目○番○号
　　　　　　　　　　　　株式会社X銀行
　　　　　　　　　　　　　代表取締役○○○○
　　　　　　　　　　　　　（会社法人等番号○○○○－○○－○○○○○○）
　　　　　　　　義務者　○○県○○市○○町1丁目2番3号
　　　　　　　　　　　　○○○○
　　　　　　　　　　　　○○県○○市○○町4丁目5番6号
　　　　　　　　　　　　○○○○
添 付 情 報
　　　　登記原因証明情報　　登記識別情報　　会社法人等番号　　代理権限証明情報
登 録 免 許 税　　金1,000円

〔以下省略〕

(2／2)

登 記 申 請 書

登 記 の 目 的　　○番抵当権変更
原　　　因　　○年○月○日　○○○○の債務引受
変更後の事項　　債務者　○○県○○市○○町4丁目5番6号
　　　　　　　　　　　　○○○○
当　事　者　　権利者　○○県○○市○○町7丁目8番9号
　　　　　　　　　　　　株式会社X銀行

　　　　　　　　　代表取締役〇〇〇〇
　　　　　　　　　（会社法人等番号〇〇〇〇－〇〇－〇〇〇〇〇〇）
　　　　　義務者　〇〇県〇〇市〇〇町1丁目2番3号
　　　　　　　　　〇〇〇〇
　　　　　　　　　〇〇県〇〇市〇〇町4丁目5番6号
　　　　　　　　　〇〇〇〇
添 付 情 報
　　　登記原因証明情報　　登記識別情報　　会社法人等番号　　代理権限証明情報
登 録 免 許 税　　金1,000円
　　　　　　　　　　　〔以下省略〕

第5章 相続を原因とする（根）抵当権等の登記の実行　　181

【参考書式25】　抵当権の債務者の変更登記申請書（連帯債務者の相続による場合）

(1／2)

登 記 申 請 書

登 記 の 目 的　　○番抵当権変更

原　　　　因　　○年○月○日　連帯債務者○○○○の相続

変更後の事項　　連帯債務者　○○県○○市○○町1丁目2番3号

　　　　　　　　　　　　　　○○○○

　　　　　　　　　　　　　　○○県○○市○○町4丁目5番6号

　　　　　　　　　　　　　　○○○○

当　事　者　　権利者　　　○○県○○市○○町○丁目○番○号

　　　　　　　　　　　　　株式会社X銀行

　　　　　　　　　　　　　代表取締役○○○○

　　　　　　　　　　　　（会社法人等番号○○○○－○○－○○○○○○）

　　　　　　　　義務者　　○○県○○市○○町4丁目5番6号

　　　　　　　　　　　　　○○○○

添 付 情 報

　　　　登記原因証明情報　　登記識別情報　　会社法人等番号　　代理権限証明情報

登 録 免 許 税　　金1,000円

〔以下省略〕

(2／2)

登 記 申 請 書

登 記 の 目 的　　○番抵当権変更

原　　　　因　　○年○月○日　○○○○（平成○年○月○日○○○○の相続により承

　　　　　　　　継した債務）の免責的債務引受

変更後の事項　　連帯債務者　○○県○○市○○町4丁目5番6号

　　　　　　　　　　　　　　○○○○

当　事　者　　権利者　　　○○県○○市○○町7丁目8番9号

　　　　　　　　　　　　　株式会社X銀行

　　　　　　　　　　　　　代表取締役○○○○

182 第5章 相続を原因とする（根）抵当権等の登記の実行

```
　　　　　　　　　　　　　（会社法人等番号○○○○－○○－○○○○○○）
　　　　　　義務者　　　　○○県○○市○○町4丁目5番6号
　　　　　　　　　　　　　○○○○
添 付 情 報
　　　登記原因証明情報　　　登記識別情報　　　会社法人等番号　　　代理権限証明情報
登 録 免 許 税　　　金1,000円
　　　　　　　　　　　　〔以下省略〕
```

第2 根抵当権に関する相続登記をする

1 根抵当権者の地位を相続して登記をする

＜フローチャート～根抵当権者の地位の相続登記＞

```
┌─────────────────────────┐
│ 1  現況の確認              │
│   (1) 元本確定状況の確認    │
│   (2) 登記情報の現況の確認  │
│   (3) 相続内容の確認        │
└─────────────────────────┘
              │
              ▼
┌───────────────────────────┬─────────────────────┐
│ 2  添付情報の確認・収集     │   補助者業務のポイント │
│   (1) 添付情報の確認        ├─────────────────────┤
│   (2) 添付情報の収集        │ 登記必要戸籍の収集のサポ│
│                            │ ート                  │
└───────────────────────────┴─────────────────────┘
              │
              ▼
┌───────────────────────────┬─────────────────────┐
│ 3  登記申請書の作成         │   補助者業務のポイント │
│   (1) 移転登記申請書の作成   ├─────────────────────┤
│   (2) 合意による変更登記申請書の作成 │ 登記申請書の作成と申請準│
│                            │ 備                   │
└───────────────────────────┴─────────────────────┘
```

1 現況の確認

> **(1) 元本確定状況の確認**
> その後の手続を確定するため、対象根抵当権の元本が確定しているかを確認します。
> **(2) 登記情報の現況の確認**
> 相続による根抵当権移転登記の前提として必要な登記の有無を確認します。
> **(3) 相続内容の確認**
> 根抵当権の承継先を特定するため、相続関係を確認します。

(1) 元本確定状況の確認 ■■■■■■■■■■■■■■■■■■■■■■■■

　根抵当権者に相続が発生した場合、対象となる根抵当権の元本が相続開始前に既に確定しているのか未確定なのか、相続承継後確定させないようにするのかによって行う手続が変わります。

　対象となる根抵当権の元本が相続開始前に既に確定しているのであれば、単に相続による根抵当権移転登記を行うことになります。

　一方、元本確定前の根抵当権について根抵当権者に相続が生じたときは、相続開始後6か月以内に指定根抵当権者の合意による変更登記をしなければ当該根抵当権の元本は確定したものとみなされることになっています（民398の8）。

　したがって、対象となる根抵当権の元本が相続開始前に未確定であって、承継後も確定させないのであれば、上記期間内に指定根抵当権者の合意による変更登記を行わなければなりません。

　受任時に元本確定の有無、相続承継後確定させないのかどうかについて確認しておく必要があります。

(2) 登記情報の現況の確認 ■■■■■■■■■■■■■■■■■■■■■■■■

　根抵当権者の相続について登記を行う場合において指定根抵当権者の合意による変更登記を行う必要がある場合、現在の登記状況によっては前提となる登記をしなければ目的の登記ができない場合があります。前提として必要になる主な登記は以下のとおりです。

① 所有権の登記名義人に住所若しくは氏名に変更がある場合の所有権登記名義人表示変更登記
② 所有権登記名義人が死亡している場合の当該相続による所有権移転登記

　根抵当権者に相続が生じた場合において以後の登記を行うために、上記のような前提となる登記が必要でないか等、依頼時において最新の登記情報を取得して現況を確認する必要があります。

(3) 相続内容の確認 ■■■■■■■■■■■■■■■■■■■■■■■■■■■■■■■■

　根抵当権者に相続が発生した場合、根抵当権の被担保債権及び根抵当権は遺言があれば遺言で指定された者、遺言による指定がない場合は相続によって相続人に承継され、相続人間で承継先を決める遺産分割協議が成立すればその承継先に移転することになります。

　当該根抵当権の被担保債権及び根抵当権の相続による承継先を確認するために、根抵当権者の遺言書の有無、相続関係、遺産分割協議の有無を調査確認する必要があります。

　関係当事者に遺言書の有無、根抵当権者の家族関係、遺産分割協議の有無等を聴取し、その上で必要な戸籍等を収集して調査します。

　元本確定前の根抵当権について根抵当権者に相続が生じたときは、相続開始後6か月以内に指定根抵当権者の合意による変更登記をしなければ当該根抵当権の元本は確定したものとみなされることになります（民398の8）。この期限を考慮しながら、この調査確認は迅速に行うよう手配することが肝要です。

2 添付情報の確認・収集

> (1) 添付情報の確認
> 　根抵当権移転登記に必要な書類を特定、確認します。
> (2) 添付情報の収集
> 　根抵当権移転登記に必要な書類の収集方法について打合せ、確認を行います。

（1） 添付情報の確認 ■■■■■■■■■■■■■■■■■■■■■■■■

ア　相続による根抵当権移転登記

相続による根抵当権移転登記の添付情報は下記のとおりです。

① 登記原因証明情報

　　被相続人である根抵当権者の出生から死亡までの除籍謄本（除籍全部事項証明書）・改製原戸籍謄本一式と、相続人の現在戸籍謄（抄）本（全部（一部）事項証明書）が登記原因証明情報となります。これに代えて法定相続証明情報も登記原因証明情報とすることが可能です。その他、不動産登記事項証明書上の根抵当権者と申請に係る被相続人が同一人であることを証するため、不動産登記事項証明書上の根抵当権者の住所氏名と住所氏名の沿革記載のある被相続人の最後の住所における住民票の除票の写しあるいは戸籍の除附票の写しが必要になります。また、遺産分割協議で相続人のうちの特定の者が当該根抵当権を承継することが決まっている場合や、相続放棄をした者が相続人中に存在する場合は、遺産分割協議書及び遺産分割に係る相続人全員の印鑑登録証明書や、相続放棄申述受理証明書が必要になります。

② 委任状（代理人申請の場合）

イ　指定根抵当権者の合意による変更登記

指定根抵当権者の合意による変更登記の添付情報は下記のとおりです。

① 登記原因証明情報

　　指定根抵当権者の合意に関する合意書等の書面若しくは報告形式の登記原因証明情報が添付情報となります。

② 対象不動産所有者（根抵当権設定者）の登記済権利証（登記識別情報通知）

　　登記義務者である所有権登記名義人に関する登記済権利証（登記識別情報通知）の提供が必要です。

③ 対象不動産所有者（根抵当権設定者）の印鑑登録証明書（3か月以内のもの）

　　対象不動産の所有権者が登記義務者となるため、当該所有者の印鑑登録証明書の添付が必要になります。

④ 委任状（代理人申請の場合）

【参考書式26】　指定根抵当権者の合意に関する登記原因証明情報（報告形式）

第5章　相続を原因とする（根）抵当権等の登記の実行　　187

（2）　添付情報の収集　■■■■■■■■■■■■■■■■■■■■■■■

　相続による根抵当権移転登記及び指定根抵当権者の合意による変更登記には種々の添付情報の添付が必要になります。依頼者との打合せにおいて当該書類をスムーズに収集することができるよう差配することが肝要になります。

　相続による根抵当権移転登記に必要な添付情報のうち、戸籍類は司法書士の職権によって代理取得することも可能ですので、戸籍関係を依頼者自身で収集するか、職権取得を依頼されるかについて打合せしておくことが必要です。通常、依頼者自身によって戸籍を取得する場合、一度で完全な戸籍を収集しきることは難しいと想定されますので、依頼者自身が収集する場合であっても、収集状況を司法書士によって都度確認することが好ましいといえます。

　その他、登記済権利証（登記識別情報通知）や印鑑登録証明書は依頼者に準備してもらわなければならないものになりますので、依頼者に準備してもらうものとして案内しておく必要があります。

　依頼者側で準備してもらうものについては受任時にリスト化して明確に示しておくことが肝要です。

補助者業務のポイント

○添付情報の収集（必要な戸籍謄本（全部事項証明書）等を職権で収集する場合）

　添付情報の収集において、必要な戸籍謄本（全部事項証明書）等を職権で収集する場合、いかにスムーズに戸籍を取りそろえるかがポイントになります。受任時に関係者の本籍地等戸籍謄本（全部事項証明書）収集のために必要な情報を把握し、迅速に収集を進めるよう差配することが肝要です。

　戸籍謄本（全部事項証明書）を迅速に漏れなく収集するためには、戸籍謄本（全部事項証明書）の記載から必要な戸籍謄本（全部事項証明書）を正確に読み取る必要があります。日頃から戸籍謄本（全部事項証明書）の記載を間違いなく読み取るため、戸籍謄本（全部事項証明書）の記載事項等について研鑽を積んでおくことが肝要です。また、相続人が子になる場合、直系尊属になる場合、兄弟姉妹になる場合で収集が必要な戸籍が異なってきます。手際良く必要な全ての戸籍謄本（全部事項証明書）を収集しきるためにも、担当している案件において誰が相続人になるのか等相続関係を把握し、かつ、必要な戸籍謄本（全部事項証明書）について司法書士にあらかじめ確認を行い、途中段階においても収集対象戸籍謄本（全部事項証明書）に間違いがないかどうかを都度確認することが肝要です。後からこの戸籍謄本（全部事項証明書）も必要だったということで追加手配するとなると、大きく時間をロスしてしまうことになってしまいます。

188 第5章 相続を原因とする（根）抵当権等の登記の実行

【参考書式26】 指定根抵当権者の合意に関する登記原因証明情報（報告形式）

登記原因証明情報

1 登記申請情報の要項
　(1) 登記の目的　　　○番共同根抵当権変更
　(2) 登記の原因　　　○年○月○日　合意
　(3) 指定根抵当権者　○○県○○市○○町1丁目2番3号
　　　　　　　　　　　○○○○
　(4) 当事者　　　　権利者　○○県○○市○○町1丁目2番3号
　　　　　　　　　　　　　　○○○○
　　　　　　　　　　　　　　○○県○○市○○町1丁目2番4号
　　　　　　　　　　　　　　○○○○
　　　　　　　　　　　　　　○○県○○市○○町1丁目2番5号
　　　　　　　　　　　　　　○○○○
　　　　　　　　　　　義務者　○○県○○市○○町1丁目2番6号
　　　　　　　　　　　　　　○○○○
　(5) 不動産の表示　　後記のとおり
2 登記の原因となる事実又は法律行為
　(1) 根抵当権者の相続
　　　　○年○月○日共同根抵当権設定契約により本件不動産上に設定された極度額金
　　　○○○○万円の根抵当権（○年○月○日○○法務局○○支局受付第○○○○号登
　　　記済）の根抵当権者○○○○に○年○月○日相続が開始し、○○○○、○○○○及
　　　び○○○○が相続人となった。
　(2) 指定根抵当権者の合意
　　　　○年○月○日、本件根抵当権の根抵当権者相続人○○○○、○○○○、○○○○
　　　と根抵当権設定者○○○○は、民法第398条の8第1項の規定により、相続人のうち
　　　○○○○を本件根抵当権の指定根抵当権者とすることに合意した。

○年○月○日　○○法務局　○○支局　御中

　上記の登記原因のとおり相違ありません。

　　　　　　　　　　　　　　　　　　　（根抵当権設定者）
　　　　　　　　　　　　　　　　　　　○○県○○市○○町1丁目2番地6号
　　　　　　　　　　　　　　　　　　　○○○○　　㊞

　　　　　　　　　　〔以下省略〕

第5章　相続を原因とする（根）抵当権等の登記の実行　　　189

3　登記申請書の作成

> ### (1)　移転登記申請書の作成
> 　相続による根抵当権移転登記申請書を作成します。
> ### (2)　合意による変更登記申請書の作成
> 　指定根抵当権者の合意による変更登記申請書を作成します。

(1)　移転登記申請書の作成 ■■■■■■■■■■■■■■■■■■■■■■

　相続による根抵当権移転登記申請書は下記のとおりです。

　登記の目的において「○番共同根抵当権移転」と移転登記すべき対象の根抵当権の順位番号を記載して移転登記すべき対象の根抵当権を特定することになりますが、共同担保不動産ごとに共同根抵当権の順位番号が異なる場合は、「共同根抵当権移転（順位番号後記のとおり）」とし、不動産の表示中の各不動産の箇所に「（順位番号　○番）」と記載するか、若しくは、登記の目的を「共同根抵当権移転」とした上で、新たな項目として「移転すべき登記　○○年○月○日受付第○○号共同担保目録（○）第○○号」として移転すべき登記の受付番号で特定する方法もあります。

　なお、移転登記すべき対象の根抵当権が共同担保の根抵当権ではなく、単独物件の担保である根抵当権の場合は、登記の目的中に「共同」という表記を用いず、単に「根抵当権移転」と表記することになります。

【参考書式27】　相続による根抵当権移転登記申請書

(2)　合意による変更登記申請書の作成 ■■■■■■■■■■■■■■■

　指定根抵当権者の合意による変更登記申請書は下記のとおりです。

　登記の目的において「○番共同根抵当権変更」と変更登記すべき対象の根抵当権の順位番号を記載して移転登記すべき対象の根抵当権を特定することになりますが、共同担保不動産ごとに共同根抵当権の順位番号が異なる場合は、「共同根抵当権変更（順位番号後記のとおり）」とし、不動産の表示中の各不動産の箇所に「（順位番号　○番）」と記載するか、若しくは、登記の目的を「共同根抵当権変更」とした上で、新たな項

190　　第5章　相続を原因とする（根）抵当権等の登記の実行

目として「変更すべき登記　○○年○月○日受付第○○号共同担保目録（○）第○○号」として変更すべき登記の受付番号で特定する方法もあります。

　なお、変更すべき対象の根抵当権が共同担保の根抵当権ではなく、単独物件の担保である根抵当権の場合は、登記の目的中に「共同」という表記を用いず、単に「根抵当権変更」と表記することになります。

【参考書式28】　指定根抵当権者の合意による変更登記申請書

アドバイス

○指定根抵当権者の合意の6か月の期間の計算方法

　例えば、根抵当権者が3月1日に死亡した場合、その翌日の3月2日を起算日として、その起算日の6か月後の応答日である9月2日の前日の9月1日の終了をもって6か月の期間が満了することになります。したがって、9月1日までに合意による変更登記の申請を行わなければなりません。9月1日当日の申請でも大丈夫とされています（民月27・2＝3・136）。

　ただし、期間満了日が土曜日又は日曜日等行政機関の休日に当たるときは、休日明けの登記事務取扱日までに登記申請をすればよいことになります（民142）。

　また、計算した期間満了の日が12月29日から1月3日までに当たる場合は、期間満了日は行政機関の休日に関する法律に定める休日の翌日（1月4日）になります（登研533・156）。

ケーススタディ

【ケース1】

Q　元本確定前の根抵当権について、根抵当権者Aが死亡しました。被相続人Aの相続人はB、C、Dの3名で、遺産分割協議によってBが被担保債権と根抵当権を承継し、相続開始前と同じように債務者との取引を継続することになりました。相続人が根抵当権を相続するに当たってどのような登記手続を行うべきでしょうか。

A　相続による根抵当権移転登記の申請人について、相続放棄をした者及び根抵当権を相続しないことが根抵当権移転登記の添付情報から明らかな者については根抵当権の相続人にならないとされています（昭46・10・4民事甲3230）。

　したがって、本ケースでは、遺産分割協議書を添付し、Bの単独申請によって根抵当権移転登記を行うことになります。

第5章　相続を原因とする（根）抵当権等の登記の実行　　191

【ケース2】

Q　根抵当権者Ａが死亡し、相続人ＢとＣが当該根抵当権を承継することになりました。根抵当権移転登記の申請情報において相続人の持分を記載する必要はあるでしょうか。

A　相続による根抵当権移転登記については、相続人が2名以上の場合であっても持分の記載を要しないとされています（昭46・10・4民事甲3230）。

　　したがって、本ケースでは、相続人の持分を記載する必要はありません。元本確定前の根抵当権であれば、根抵当権者が複数ある場合、準共有という概念で共有者間での持分という概念がないためです。

　　これに対して、元本確定後の根抵当権に相続があった場合、持分の記載を要するかということが問題になります。

　　元本確定後は根抵当権者が複数で共有している場合、それぞれが有する債権額の割合に応じて極度額を限度として弁済を受けることになります（民398の14①）。弁済を受ける割合は有する債権額の割合であって相続割合ではありません。確定債権額は登記事項ではなく、また、仮に相続分での持分で登記したとしても、この持分割合と債権額の割合が同じとは限らないため、相続分での持分で登記する実益がありません。

　　したがって、元本確定後であっても、相続による根抵当権移転の登記には根抵当権者の持分の記載は要しないと解されています（河合芳光『逐条不動産登記令』39頁（金融財政事情研究会、2005））。

【ケース3】

Q　根抵当権者Ａが死亡し、相続人はＢだけです。相続人が1名だけの場合でも指定根抵当権者の合意による変更登記は必要でしょうか。

A　相続人が1名だけの場合であっても、根抵当権者の相続開始後6か月以内に合意による変更登記をしなければ、相続開始の時に根抵当権の元本が確定したものとみなされます（民398の8④）。

　　元本確定の効果を避けるためには、相続人が1名だけの場合であっても合意による変更登記をする必要があります。

192　第5章　相続を原因とする（根）抵当権等の登記の実行

【ケース4】

Q　根抵当権者Ａが死亡し、相続人はＢ及びＣである場合に、指定根抵当権者をＢ
とする合意による変更登記がなされました。この場合、Ｃはもう根抵当権者では
ないのでしょうか。

A　根抵当権者Ａの死亡により、相続人Ｂ及びＣが当該根抵当権を承継し、その後、
Ｂを指定根抵当権者とする合意による変更登記がなされた場合、この登記の意味
は、Ａが有していた被担保債権はその相続人であるＢ及びＣが相続承継し、Ａの
相続開始後に指定根抵当権者Ｂと債務者との間の根抵当取引によって生じる債権
をその根抵当権で担保するというものになります。

　つまり、Ａから相続した相続債権はＢとＣが根抵当権を準共有することによっ
て担保しており、Ａの相続開始後にＢと債務者の取引によって生じたＢの新たな
債権も担保していることになります（民398の8①）。

　したがって、Ａの相続債権についてはＣはいまだ根抵当権者の1人であるとい
うことになり、Ｂを指定根抵当権者とする合意による変更登記がなされたからと
いって、Ｃが根抵当権者から脱退したということではありません。

補助者業務のポイント

○資格者の指示によって登記申請書の作成から申請準備を補助者が任される場面

　資格者の指示によって登記申請書の作成から申請準備を補助者が任される場面は多い
と思います。資格者からの指示で単に機械的に書類を作成するのではなく、任された案
件の内容を把握し、必要となる登記申請は何か、前提となる登記申請は何か、特有の論
点は何かを資格者と情報共有した上で準備することが肝要です。書類を作成していく中
で問題点や新たな論点に気付くことも多く、早い段階で見落としている論点等に気付い
て資格者と共有し、案件をスムーズに進めていくことをサポートするという観点を持っ
ていれば、自ずとサポートの質が変わってくるものです。単なる事務処理担当ではなく、
案件を処理するパートナーという意識を持つことが肝要です。

第5章　相続を原因とする（根）抵当権等の登記の実行　　193

【参考書式27】　相続による根抵当権移転登記申請書

登　記　申　請　書

登 記 の 目 的　　○番共同根抵当権移転

原　　　　　因　　○年○月○日　相続

根 抵 当 権 者　　（被相続人○○○○）

　　　　　　　　　○○県○○市○○町1丁目2番3号

　　　　　　　　　○○○○

　　　　　　　　　○○県○○市○○町1丁目2番4号

　　　　　　　　　○○○○

　　　　　　　　　○○県○○市○○町1丁目2番5号

　　　　　　　　　○○○○

添 付 情 報

　　　登記原因証明情報　　相続証明情報　　代理権限証明情報

送付の方法による登記識別情報の交付を希望する

送付の方法による登記完了証の交付を希望する

送付の方法による添付書類の原本還付を希望する

送付先　資格者代理人事務所

○年○月○日申請　○○法務局　○○支局

代　理　人　　○○県○○市○○町2丁目3番4号

　　　　　　　司法書士　○○○○　㊞

　　　　　　　　電話番号　○○－○○○○－○○○○

課 税 価 格　　金○○○○円※1

登 録 免 許 税　　金○○○○円※2

　　　　　　　　　　　　　　　〔以下省略〕

※1　極度額（1,000円未満切捨て）

※2　課税価格の1,000分の1（100円未満切捨て）（登税別表1－（六）イ）

194 第5章 相続を原因とする（根）抵当権等の登記の実行

【参考書式28】 指定根抵当権者の合意による変更登記申請書

登 記 申 請 書

登 記 の 目 的　　○番共同根抵当権変更
原　　　　　因　　○年○月○日　合意
指定根抵当権者　　○○県○○市○○町1丁目2番3号
　　　　　　　　　○○○○
権　　利　　者　　○○県○○市○○町1丁目2番3号
　　　　　　　　　○○○○
　　　　　　　　　○○県○○市○○町1丁目2番4号
　　　　　　　　　○○○○
　　　　　　　　　○○県○○市○○町1丁目2番5号
　　　　　　　　　○○○○
義　　務　　者　　○○県○○市○○町1丁目2番6号
　　　　　　　　　○○○○
添　付　情　報
　　　　登記原因証明情報　　登記識別情報　　印鑑証明書　　代理権限証明情報

送付の方法による登記完了証の交付を希望する
送付の方法による添付書類の原本還付を希望する
送付先　資格者代理人事務所

○年○月○日申請　○○法務局　○○支局

代　　理　　人　　○○県○○市○○町2丁目3番4号
　　　　　　　　　司法書士　○○○○　㊞
　　　　　　　　　電話番号　○○−○○○○−○○○○
登 録 免 許 税　　金2,000円※
　　　　　　　　　　　　　〔以下省略〕

※登録免許税は、不動産1筆につき1,000円です（登税別表1−（十四））。

2 根抵当権の債務者の地位を相続して登記をする

＜フローチャート〜根抵当権の債務者の地位の相続登記＞

1 現況の確認
  (1) 元本確定状況の確認
  (2) 登記情報の現況の確認
  (3) 相続内容の確認

2 添付情報の確認・収集
  (1) 添付情報の確認
  (2) 添付情報の収集

3 登記申請書の作成
  (1) 債務者の変更登記申請書の作成
  (2) 合意による変更登記申請書の作成

1 現況の確認

（1） 元本確定状況の確認
　その後の手続を確定するため、対象根抵当権の元本が確定しているかを確認します。

（2） 登記情報の現況の確認
　相続による根抵当権の債務者変更登記の前提として必要な登記の有無を確認します。

（3） 相続内容の確認
　根抵当権の債務の承継先を特定するため、相続関係を確認します。

（1） 元本確定状況の確認 ■■■■■■■■■■■■■■■■■■■■■■■■

　根抵当権の債務者に相続が発生した場合、対象となる根抵当権の元本が相続開始前に既に確定しているのか未確定なのか、相続承継後確定させないようにするのかによって行う手続が変わります。

　対象となる根抵当権の元本が相続開始前に既に確定しているのであれば、単に相続による根抵当権の債務者変更登記を行うことになります。

　一方、元本確定前の根抵当権について根抵当権の債務者に相続が生じたときは、相続開始後6か月以内に指定債務者の合意による変更登記をしなければ当該根抵当権の元本は確定したものとみなされることになっています（民398の8）。

　したがって、対象となる根抵当権の元本が相続開始前に未確定であって、債務者の相続後も確定させないのであれば、上記期間内に指定債務者の合意による変更登記を行わなければなりません。

　受任時に元本確定の有無、相続承継後確定させないのかどうかについて確認しておく必要があります。

　なお、根抵当権の債務者が2名あった場合において、そのうちの1名が死亡している場合においては、注意が必要です。

　根抵当権が共有の場合には、根抵当権の元本の確定という概念は根抵当権全体について認められるものであり、共有者の全てについて確定事由が生じなければ根抵当権

の元本は確定しないと解されています（民月27・2＝3・147）。

　債務者が複数の場合の共用根抵当権の場合も同様に解されており、債務者2名のうち1人についてだけ確定事由が生じても根抵当権の元本自体は確定しないと考えられています。したがって、債務者2名のうちの1名だけが死亡して合意による変更登記をしないまま6か月が経過しても、根抵当権の元本は確定しないことになります。

(2)　登記情報の現況の確認 ■■■■■■■■■■■■■■■■■■■■■

　根抵当権の債務者について登記を行う場合、現在の登記状況によっては前提となる登記をしなければ目的の登記ができない場合があります。前提として必要になる主な登記は以下のとおりです。

① 　所有権の登記名義人に住所若しくは氏名に変更がある場合の所有権登記名義人表示変更登記
② 　所有権登記名義人が死亡している場合の当該相続による所有権移転登記

　根抵当権の債務者に関する登記を行うために、上記のような前提となる登記が必要でないか等、依頼時において最新の登記情報を取得して現況を確認する必要があります。

(3)　相続内容の確認 ■■■■■■■■■■■■■■■■■■■■■■■

　根抵当権の債務者に相続が発生した場合、根抵当権の被担保債権に関する債務は相続によって相続人に承継されることになります。

　当該根抵当権の被担保債権の債務の相続による承継先を確認するために、根抵当権の債務者の相続関係を調査確認する必要があります。

　関係当事者に根抵当権の債務者の家族関係を聴取し、戸籍謄本（全部事項証明書）等を収集して相続人を調査確認します。

　元本確定前の根抵当権について根抵当権の債務者に相続が生じたときは、相続開始後6か月以内に指定債務者の合意による変更登記をしなければ当該根抵当権の元本は確定したものとみなされることになります（民398の8）。この期限を考慮しながら、相続人の調査確認は迅速に行うよう手配することが肝要です。

2　添付情報の確認・収集

（1）　添付情報の確認
　根抵当権の相続による債務者変更登記に必要な書類を特定、確認します。
（2）　添付情報の収集
　根抵当権の相続による債務者変更登記に必要な書類の収集方法について打合せ、確認を行います。

（1）　添付情報の確認　■■■■■■■■■■■■■■■■■■■■■■■■■

ア　相続による債務者変更登記

相続による根抵当権の債務者変更登記の添付情報は下記のとおりです。

① 　登記原因証明情報

　被相続人である根抵当権の債務者の出生から死亡までの除籍謄本（除籍全部事項証明書）・改製原戸籍謄本一式と、相続人の現在戸籍謄（抄）本（全部（一部）事項証明書）が登記原因証明情報となります。これに代えて法定相続証明情報も登記原因証明情報とすることが可能です。その他、不動産登記事項証明書上の根抵当権の債務者と申請に係る被相続人が同一人であることを証するため、不動産登記事項証明書上の根抵当権の債務者の住所氏名と住所氏名の沿革記載のある被相続人の最後の住所における住民票の除票の写しあるいは戸籍の除附票の写しが必要になります。また、相続放棄をした者が相続人中に存在する場合は、相続放棄申述受理証明書が必要になります。

　なお、根抵当権の債務者の相続登記については、上記書類に代えて、登記義務者が法務局に対して事実関係等を報告、証明する報告形式の登記原因証明情報を添付することも可能です。実務上は、戸籍謄本（全部事項証明書）等で相続関係を調査した上で、この報告形式の登記原因証明情報を作成し、添付することが多いものと思われます。

② 　登記識別情報（登記済権利証）

　登記義務者である所有権登記名義人に関する登記識別情報の提供が必要です。

③ 　対象不動産所有者の印鑑登録証明書（3か月以内のもの）

　対象不動産の所有権者が登記義務者となるため、当該所有者の印鑑登録証明書の添付が必要になります。

④ 　委任状（代理人申請の場合）

イ　指定債務者の合意による変更登記

指定債務者の合意による変更登記の添付情報は下記のとおりです。

① 登記原因証明情報

　　指定債務者の合意に関する合意書等の書面若しくは報告形式の登記原因証明情報が添付情報となります。

② 対象不動産所有者（根抵当権設定者）の登記済権利証（登記識別情報通知）

③ 対象不動産所有者（根抵当権設定者）の印鑑登録証明書（3か月以内のもの）

④ 委任状（代理人申請の場合）

【参考書式29】　債務者の相続に関する登記原因証明情報（報告形式）

【参考書式30】　指定債務者の合意に関する登記原因証明情報（報告形式）

(2)　添付情報の収集 ■■■■■■■■■■■■■■■■■■■■■■■■■

　相続による債務者変更登記及び指定債務者の合意による変更登記には種々の添付情報の添付が必要になります。依頼者との打合せにおいて当該書類をスムーズに収集することができるよう差配することが肝要になります。

　債務者の相続に関する登記に必要な添付情報のうち、戸籍類は司法書士の職権によって代理取得することも可能ですので、戸籍関係を依頼者自身で収集するか、職権取得を依頼されるかについて打合せしておくことが必要です。通常、依頼者自身によって戸籍を取得する場合、一度で完全な戸籍を収集しきることは難しいと想定されますので、依頼者自身が収集する場合であっても、収集状況を司法書士によって都度確認することが好ましいといえます。

　その他、登記済権利証（登記識別情報通知）や印鑑登録証明書は依頼者に準備してもらわなければならないものになりますので、依頼者に準備してもらうものとして案内しておく必要があります。

　依頼者側で準備してもらうものについては受任時にリスト化して明確に示しておくことが肝要です。

200　　　第5章　相続を原因とする（根）抵当権等の登記の実行

【参考書式29】　債務者の相続に関する登記原因証明情報（報告形式）

登記原因証明情報

1　登記申請情報の要項
　(1)　登記の目的　　○番共同根抵当権変更
　(2)　登記の原因　　○年○月○日　相続
　(3)　当　事　者　　権利者　○○県○○市○○町1丁目2番3号
　　　　　　　　　　　　　　　株式会社○○銀行
　　　　　　　　　　　　義務者　○○県○○市○○町1丁目2番4号
　　　　　　　　　　　　　　　○○○○
　(4)　不動産の表示　後記のとおり
2　登記の原因となる事実又は法律行為
　(1)　○年○月○日、本件不動産上の根抵当権（○年○月○日○○法務局○○支局受付
　　　第○○○○号登記済）の債務者○○○○は死亡した。
　(2)　亡○○○○の相続人は下記のとおりである。
記
　　　　　　　○○県○○市○○町1丁目2番4号
　　　　　　　○○○○
　　　　　　　○○県○○市○○町1丁目2番5号
　　　　　　　○○○○
　　　　　　　○○県○○市○○町1丁目2番6号
　　　　　　　○○○○

○年○月○日　　○○法務局　○○支局　御中

　以上の登記原因のとおり相違ありません。
　　（義務者）○○県○○市○○町1丁目2番4号
　　　　　　　○○○○　　㊞

記
〔以下省略〕

第5章　相続を原因とする（根）抵当権等の登記の実行　　201

【参考書式30】　指定債務者の合意に関する登記原因証明情報（報告形式）

登記原因証明情報

1　登記申請情報の要項
　(1)　登記の目的　　○番共同根抵当権変更
　(2)　登記の原因　　○年○月○日　合意
　(3)　指定債務者　　○○県○○市○○町1丁目2番4号
　　　　　　　　　　　○○○○
　(4)　当　事　者　　権利者　　○○県○○市○○町1丁目2番3号
　　　　　　　　　　　　　　　　○○○○
　　　　　　　　　　　義務者　　○○県○○市○○町1丁目2番4号
　　　　　　　　　　　　　　　　○○○○
　(5)　不動産の表示　後記のとおり
2　登記の原因となる事実又は法律行為
　(1)　債務者の相続の登記
　　　　○年○月○日共同根抵当権設定契約により本件不動産上に設定された極度額金
　　　○○○○万円の根抵当権（○年○月○日○○法務局○○支局受付第○○○○号登
　　　記済）の債務者○○○○に○年○月○日相続が開始し、○○○○、○○○○及び○
　　　○○○が相続人となった。
　(2)　指定債務者の合意
　　　　○年○月○日、本件根抵当権の根抵当権者○○○○と根抵当権設定者○○○○
　　　は、民法第398条の8第2項の規定により、相続人のうち○○○○を指定債務者とす
　　　ることに合意した。

○年○月○日　　　○○法務局　○○支局　御中

　上記の登記原因のとおり相違ありません。
　　（根抵当権設定者）○○県○○市○○町1丁目2番4号
　　　　　　　　　　　○○○○　　㊞

記
〔以下省略〕

3 登記申請書の作成

> **(1) 債務者の変更登記申請書の作成**
> 　根抵当権の相続による債務者の変更登記申請書を作成します。
> **(2) 合意による変更登記申請書の作成**
> 　根抵当権の指定債務者の合意による変更登記申請書を作成します。

(1) 債務者の変更登記申請書の作成 ■■■■■■■■■■■■■■■■

　根抵当権の債務者の変更登記申請書の作成方法は下記のとおりです。

　登記の目的において「○番共同根抵当権変更」と変更登記すべき対象の根抵当権の順位番号を記載して移転登記すべき対象の根抵当権を特定することになりますが、共同担保不動産ごとに共同根抵当権の順位番号が異なる場合は、「共同根抵当権変更（順位番号後記のとおり）」とし、不動産の表示中の各不動産の箇所に「（順位番号　○番）」と記載するか、若しくは、登記の目的を「共同根抵当権変更」とした上で、新たな項目として「変更すべき登記　○年○月○日受付第○○号共同担保目録（○）第○○号」として変更すべき登記の受付番号で特定する方法もあります。

　なお、変更すべき対象の根抵当権が共同担保の根抵当権ではなく、単独物件の担保である根抵当権の場合は、登記の目的中に「共同」という表記を用いず、単に「根抵当権変更」と表記することになります。

【参考書式31】　根抵当権の債務者の変更登記申請書

(2) 合意による変更登記申請書の作成 ■■■■■■■■■■■■■■■

　指定債務者の合意による根抵当権の変更登記申請書の作成方法は下記のとおりです。

　登記の目的において「○番共同根抵当権変更」と変更登記すべき対象の根抵当権の順位番号を記載して、移転登記すべき対象の根抵当権を特定することになりますが、共同担保不動産ごとに共同根抵当権の順位番号が異なる場合は、「共同根抵当権変更（順位番号後記のとおり）」とし、不動産の表示中の各不動産の箇所に「（順位番号○番）」と記載するか、若しくは、登記の目的を「共同根抵当権変更」とした上で、新

第5章　相続を原因とする（根）抵当権等の登記の実行　　203

たな項目として「変更すべき登記　○年○月○日受付第○○号共同担保目録（○）第
○○号」として変更すべき登記の受付番号で特定する方法もあります。

　なお、変更すべき対象の根抵当権が共同担保の根抵当権ではなく、単独物件の担保
である根抵当権の場合は、登記の目的中に「共同」という表記を用いず、単に「根抵
当権変更」と表記することになります。

【参考書式32】　根抵当権の指定債務者の合意による変更登記申請書

アドバイス

○債務者の相続人が1人だけの場合の指定債務者の合意による変更登記の要否

　　根抵当権の債務者の相続開始後6か月以内に指定債務者の合意による変更登記をしな
　ければ、当該根抵当権の元本は相続開始の時において確定したものとみなされます（民
　398の8）。これは債務者の相続人が1人だけの場合でも同じです。

　　したがって、債務者の相続人が1人だけの場合であっても、元本を確定させずに当該相
　続人と根抵当権者間での根抵当取引を継続するのであれば、相続による債務者変更登記
　をした上で、指定債務者の合意による変更登記をしなければならないことになります（登
　研369・81）。

ケーススタディ

【ケース1】

Q　根抵当権の債務者が死亡した時点で、根抵当権で担保される債務が既に存在し
　　ない場合はどうなりますか。

A　根抵当権の債務者が死亡した時点で根抵当権により担保される債務が存在しな
　　い場合でも、相続による債務者変更及び指定債務者の合意による変更登記をしな
　　ければ、相続開始後6か月を経過することによって根抵当権の元本は「0」で確定
　　することになり、その結果、元本が「0」で確定した確定根抵当権は付従性によっ
　　て消滅しますので、抹消登記を行うことになります。

　　　したがって、債務者の相続人が根抵当権者との間で当該根抵当権を利用して根
　　抵当取引を継続したい場合は、相続開始後6か月以内に根抵当権の相続による債
　　務者変更登記と指定債務者の合意による変更登記を行う必要があります。

204   第5章　相続を原因とする（根）抵当権等の登記の実行

【ケース2】

Q　根抵当権の債務者Aが死亡し、相続人はB、C、Dの3名でしたが、そのうちB
が他の相続人の債務を免責的債務引受しました。どのような手続が必要になりま
すか。なお、指定債務者の合意による変更登記をしないまま、Aの死亡後から既
に6か月が経過しています。

A　本ケースでは、Aの死亡後6か月以内に合意による変更登記がなされていませ
んので、根抵当権の元本は確定しています。この場合は、普通抵当権と同様、①
根抵当権の債務者の相続を原因として債務者を債務者の相続人全員（B、C、D）
とする変更登記を行い、②C、Dの免責的債務引受を原因として債務者をBとす
る債務者変更登記を行うことになります。

【ケース3】

Q　根抵当権の債務者Aが死亡し、相続人はB、C、Dの3名でしたが、そのうちB
が他の相続人の債務を免責的債務引受しました。どのような手続が必要になりま
すか。なお、Aの死亡後からまだ6か月は経過していません。

A　本ケースでは、債務者Aの死亡後からまだ6か月が経過していませんので、根抵
当権の元本はまだ確定していません。元本を確定せずに、Bが継続的な根抵当取
引を希望するのであれば、指定債務者の合意による変更登記を行い、その上で債
務引受に関する登記も行う必要があります。

　すなわち、まず、①債務者の相続を原因として債務者をB、C、Dとする債務
者変更登記を行い、②指定債務者をBとする合意による変更登記を行います。こ
の段階では相続債務はB、C、Dが負担しており、今後の根抵当権者とBとの継
続的根抵当取引によって生じる債務を担保する根抵当権になっていますので、こ
こから更に相続承継債務に関してBによるC、Dの免責的債務引受に関する登記
を行う必要があります。

　一方、確定前の根抵当権については付従性・随伴性が否定されていますので、
債務引受という実体上の法律行為に伴って当然には根抵当権の被担保債権が変わ
ることはありません。確定前の根抵当権の債務者の変更と債権の範囲の変更を組
み合わせることによって債務引受に関する債権債務を根抵当権の被担保債権の範
囲に入れる必要があります。

第5章　相続を原因とする（根）抵当権等の登記の実行　　205

　すなわち、上記①、②の登記の次に、③根抵当権の債務者をBとする変更登記を行い、同時に債権の範囲に債務引受に係る債権を追加する変更登記を行う必要がありますが、単に債務引受に係る債権を追加するだけでは足りないことになります。根抵当権の債務者をBと変更することにより、当該根抵当権は根抵当権者とBとの継続的取引から生じる債権を担保することになるところ、BがAから相続承継した債務は、根抵当権者とBとの取引によって生じた債権債務ではないため、債務者をBと変更した上で債務引受に係る債権だけを債権の範囲に追加するにとどまってしまうと、Aからの相続承継債務が被担保債権から外れることになってしまうのです。そのため、Aからの相続承継債務をも担保するためには、③根抵当権の債務者をBとする変更登記を行い、同時に債権の範囲に債務引受（旧債務者C、D）に係る債権と、Aの相続によるBの相続承継債務のうち変更前根抵当権の被担保債権の範囲に属するものにかかる債権をも追加する変更登記を行う必要があります。

206 第5章 相続を原因とする（根）抵当権等の登記の実行

【参考書式31】　根抵当権の債務者の変更登記申請書

登　記　申　請　書

登 記 の 目 的　　○番共同根抵当権変更
原　　　　　因　　○年○月○日　相続
変更後の事項　　債務者（被相続人○○○○）
　　　　　　　　○○県○○市○○町1丁目2番3号
　　　　　　　　○○○○
　　　　　　　　○○県○○市○○町1丁目2番4号
　　　　　　　　○○○○
　　　　　　　　○○県○○市○○町1丁目2番5号
　　　　　　　　○○○○
権　利　者　　○○県○○市○○町1丁目2番6号
　　　　　　　　株式会社○○銀行
　　　　　　　　代表取締役○○○○（取扱店○○支店）
　　　　　　　　（会社法人等番号　○○○○－○○－○○○○）
義　務　者　　○○県○○市○○町1丁目2番3号
　　　　　　　　○○○○
添 付 情 報
　　　　登記原因証明情報　　登記識別情報　　印鑑証明書　　代理権限証明情報

送付の方法による登記完了証の交付を希望する
送付の方法による添付書類の原本還付を希望する
送付先　資格者代理人事務所

○年○月○日申請　○○法務局　○○支局

代　理　人　　○○県○○市○○町2丁目3番4号
　　　　　　　　司法書士　○○○○　㊞
　　　　　　　　電話番号　○○－○○○○－○○○○
登 録 免 許 税　　金2,000円※
不動産の表示　　〔省略〕

※登録免許税は、不動産1筆につき1,000円です（登税別表1－（十四））。

第5章　相続を原因とする（根）抵当権等の登記の実行　　207

【参考書式32】　根抵当権の指定債務者の合意による変更登記申請書

登　記　申　請　書

登 記 の 目 的　　○番共同根抵当権変更
原　　　　　因　　○年○月○日　合意
指 定 債 務 者　　○○県○○市○○町1丁目2番4号
　　　　　　　　　○○○○
権　　利　　者　　○○県○○市○○町1丁目2番3号
　　　　　　　　　○○○○
義　　務　　者　　○○県○○市○○町1丁目2番4号
　　　　　　　　　○○○○
添　付　情　報
　　　登記原因証明情報　　登記識別情報　　印鑑証明書　　代理権限証明情報

送付の方法による登記完了証の交付を希望する
送付の方法による添付書類の原本還付を希望する
送付先　資格者代理人事務所

○年○月○日申請　○○法務局　○○支局

代　　理　　人　　○○県○○市○○町2丁目3番4号
　　　　　　　　　司法書士　○○○○　㊞
　　　　　　　　　　電話番号　○○－○○○○－○○○○
登 録 免 許 税　　金2,000円※
不動産の表示　　〔省略〕

※登録免許税は、不動産1筆につき1,000円です（登税別表1－（十四））。

第3 その他の権利の登記をする
1 賃借権者の地位を相続して登記をする
＜フローチャート～賃借権者の地位の相続登記＞

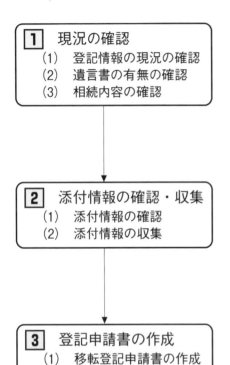

第 5 章　相続を原因とする（根）抵当権等の登記の実行　　　209

1　現況の確認

（1）　登記情報の現況の確認
　相続が生じている賃借権が登記された賃借権かそうでないかを確認します。
（2）　遺言書の有無の確認
　賃借権の相続による承継先を指定する内容の遺言の有無を確認します。
（3）　相続内容の確認
　相続による賃借権の承継先を確認します。

（1）　登記情報の現況の確認 ■■■■■■■■■■■■■■■■■■■■■■

　被相続人の遺産の中に賃借権がある場合、当該賃借権が登記されている賃借権かどうかをまず確認する必要があります。

　建物所有目的の土地賃貸借の場合、借地借家法では、土地の上に借地権者が登記されている建物を所有するときは、土地賃借権の登記がなくても第三者に対抗できるとされており、このような土地賃借権の場合、賃借権の登記がなされていない場合もあります（借地借家10①）。このような場合は、賃借権の登記がないので、行うべき登記は賃借権の移転ではなく、建物の所有権の相続登記を行うということになります。

　一方、被相続人が登記された賃借権を保有している場合は、当該賃借権の相続による移転登記を行う必要がありますが、所有権の相続と異なり、賃借権には「存続期間」という概念があることに留意しなければなりません。賃借権の存続期間とは、賃借権の効力はいつからいつまでなのかという賃借権の効力の有効期間で、賃借権の登記事項となっています。

　登記情報を確認し、対象賃借権の登記上の存続期間が満了していないかを確認する必要があります。もし、登記上の存続期間が相続開始前に満了しているのであれば、実際の契約上も賃貸借関係は終了しているのかを依頼人に確認する必要があります。登記上の存続期間が満了していても、契約上の存続期間は延長されている場合があり、賃貸借契約自体は継続している場合があるためです。

　登記上の存続期間が満了しており、実際の契約上も相続開始前に賃貸借契約が終了

している場合で賃借権の登記が残っているだけであれば、当該賃借権は抹消すべきで、相続による移転登記を行うことはできないことになります。

登記上の存続期間が満了しているものの、実際の契約は期間延長されている場合は、存続期間の変更登記を行った上で相続による移転登記を行う必要があります（登研439・128）。

依頼の初期段階で、実際の賃貸借契約が現状どうなっているか、借地借家法の適用の有無と賃借権登記の有無、賃借権の登記上の存続期間と実際の契約上の期間延長の有無を確認し、これから行うべき手続を取り間違えないように差配することが肝要です。

(2) 遺言書の有無の確認 ■■■■■■■■■■■■■■■■■■■■■■■■■

賃借権が登記されており、実体上の賃貸借契約も継続されている場合は、当該賃借権の相続による移転登記を行うことになります。賃借権の相続登記を行うためには、当該賃借権が相続によって誰に承継されるかを確認する必要があります。被相続人が有効な遺言を残している場合、当該賃借権は遺言によって指定された者に承継されることになります。まずは遺言書の有無を確認する必要があり、遺言書があれば、遺言書の記載内容を確認し、遺言書自体の有効性、遺言執行者の有無等遺言内容の検討を行う必要があります。

遺言書の有無の確認は、被相続人の遺品調査、相続人に対する聞き取りの他、公証役場の遺言書検索システムを利用する方法が考えられます。

公証役場の遺言書検索システムを利用するには、最寄りの公証役場に対して、戸籍謄本（全部事項証明書）、除籍謄本（除籍全部事項証明書）等被相続人死亡を証する資料、請求者が相続人であることの資料及び免許証等の本人確認資料を提出して請求することになります。

遺言書の捜索の結果、遺言書がなければ、被相続人の賃借権は法定相続によって承継されるか、相続人全員の遺産分割協議によって承継する者を決めることになります。

(3) 相続内容の確認 ■■■■■■■■■■■■■■■■■■■■■■■■■■■■

遺言書がある場合は、遺言書の内容によって賃借権の相続による承継先を確認します。遺言書の内容が、相続人に対して相続させる遺言になっていれば、当該指定を受けた相続人が承継することになります。一方、相続人以外の者に遺贈する内容になっ

第5章　相続を原因とする（根）抵当権等の登記の実行　　211

ている場合は、受遺者が遺贈を受諾するか否かを確認し、受遺者が遺贈を受諾すれば、
当該受遺者に承継されることになります。

　遺言書がない場合は、相続人に対して法定相続されるか、相続人全員の遺産分割協
議によって賃借権の帰属先を決めることになります。相続人に賃借権の承継先をどの
ようにするかを確認しましょう。

2 　添付情報の確認・収集

> （1）　添付情報の確認
> 　相続による賃借権移転登記に必要な書類を確認します。
> （2）　添付情報の収集
> 　相続による賃借権移転登記に必要な書類の収集についての打合せ、確認
> を行います。

（1）　添付情報の確認 ■■■■■■■■■■■■■■■■■■■■■■■■■■■■■■■■

　相続による賃借権移転登記の添付情報は下記のとおりです。

① 登記原因証明情報

　被相続人である賃借権者の出生から死亡までの除籍謄本（除籍全部事項証明書）・
改製原戸籍謄本一式と、相続人の現在戸籍謄（抄）本（全部（一部）事項証明書）
が登記原因証明情報となります。これに代えて法定相続証明情報も登記原因証明情
報とすることが可能です。その他、不動産登記事項証明書上の賃借権者と申請に係
る被相続人が同一人であることを証するため、不動産登記事項証明書上の賃借権者
の住所氏名と住所氏名の沿革記載のある被相続人の最後の住所における住民票の除
票の写しあるいは戸籍の除附票の写しが必要になります。また、遺産分割協議で相
続人のうちの特定の者が当該賃借権を承継することが決まっている場合や、相続放
棄をした者が相続人中に存在する場合は、遺産分割協議書及び遺産分割に係る相続
人全員の印鑑登録証明書や、相続放棄申述受理証明書が必要になります。

　遺言書がある場合は、当該遺言書と遺言者の死亡を証する除籍謄本（除籍全部事

項証明書）が登記原因証明情報になります。

② 委任状（代理人申請の場合）

(2) 添付情報の収集 ■■■■■■■■■■■■■■■■■■■■■■■■■

相続による賃借権移転登記には種々の添付情報の添付が必要になります。依頼者との打合せにおいて当該書類をスムーズに収集することができるよう差配することが肝要になります。

相続による賃借権移転登記に必要な添付情報のうち、戸籍類は司法書士の職権によって代理取得することも可能ですので、戸籍関係を依頼者自身で収集するか、職権取得を依頼されるかについて打合せしておくことが必要です。通常、依頼者自身によって戸籍を取得する場合、一度で完全な戸籍を収集しきることは難しいと想定されますので、依頼者自身が収集する場合であっても、収集状況を司法書士によって都度確認することが好ましいといえます。

その他、印鑑登録証明書は依頼者に準備してもらわなければならないものになりますので、依頼者に準備してもらうものとして案内しておく必要があります。

依頼者側で準備してもらうものについては受任時にリスト化して明確に示しておくことが肝要です。

3 登記申請書の作成

> **(1) 移転登記申請書の作成**
>
> 相続による賃借権移転登記申請書を作成します。

(1) 移転登記申請書の作成 ■■■■■■■■■■■■■■■■■■■■■■

相続による賃借権移転登記申請書は後記のとおりです。

【参考書式33】 相続による賃借権移転登記申請書

第5章　相続を原因とする（根）抵当権等の登記の実行　　　213

ケーススタディ

Q　被相続人が保有していた賃貸借契約を確認したところ、「終身建物賃貸借契約」という契約でした。これはどのような契約で、相続開始後どのような登記をすればよいのでしょうか。

A　終身建物賃借権とは、賃借人となれる者を高齢者（60歳以上の者であって賃借人となる者以外に同居する者がない者又は同居人が配偶者若しくは60歳以上の配偶者以外の親族である者）に限定するとともに、対象となる建物を高齢者向けのバリアフリーの賃貸住宅に限定して、借地借家法30条（賃借人に不利な特約を無効とする規定）にかかわらず、賃借人が死亡した時に終了する旨を定めることができるとする制度です（高齢居住安定52）。

賃貸借に係る登記上でも、当該賃借権の存続期間は「賃借人の死亡時まで」とし、特約として「賃借人の死亡時に賃貸借終了」と登記されているはずです。

被相続人が締結していた終身建物賃貸借契約は、被相続人の死亡により終了することになるため、相続によって相続人に承継されることはありません。

したがって、この場合は、相続による賃借権移転登記ではなく、被相続人の死亡による抹消登記を行わなければならないことになります。

214 第5章 相続を原因とする（根）抵当権等の登記の実行

【参考書式33】相続による賃借権移転登記申請書

登 記 申 請 書

登 記 の 目 的　　○番賃借権移転

原　　　　　因　　○年○月○日　相続

相　　続　　人　　（被相続人○○○○）

　　　　　　　　　○○県○○市○○町1丁目2番3号

　　　　　　　　　○○○○

添　付　情　報

　　　登記原因証明情報　　　相続証明情報　　　代理権限証明情報

送付の方法による登記識別情報の交付を希望する

送付の方法による登記完了証の交付を希望する

送付の方法による添付書類の原本還付を希望する

送付先　資格者代理人事務所

○年○月○日申請　　○○法務局　　○○支局

代　　理　　人　　○○県○○市○○町2丁目3番4号

　　　　　　　　　司法書士　○○○○　㊞

　　　　　　　　　　電話番号　○○－○○○○－○○○○

課　税　価　格　　金○○○○円※1

登　録　免　許　税　　金○○○○円※2

不動産の表示　　〔省略〕

※1　不動産固定資産評価額（1,000円未満切捨て）

※2　課税価格の1,000分の2（100円未満切捨て）（登税別表1－（三）ロ）

2 地上権者の地位を相続して登記をする

＜フローチャート～地上権者の地位の相続登記＞

```
┌─────────────────────────────┐
│ 1  現況の確認                  │
│   (1)  登記情報の現況の確認      │
│   (2)  遺言書の有無の確認        │
│   (3)  相続内容の確認           │
└─────────────────────────────┘
               │
               ↓
┌─────────────────────────────┐
│ 2  添付情報の確認・収集         │
│   (1)  添付情報の確認           │
│   (2)  添付情報の収集           │
└─────────────────────────────┘
               │
               ↓
┌─────────────────────────────┐
│ 3  登記申請書の作成            │
│   (1)  移転登記申請書の作成      │
└─────────────────────────────┘
```

1 現況の確認

> **(1) 登記情報の現況の確認**
>   相続が生じている地上権が登記された地上権かそうでないかを確認します。
> **(2) 遺言書の有無の確認**
>   地上権の相続による承継先を指定する内容の遺言の有無を確認します。
> **(3) 相続内容の確認**
>   相続による地上権の承継先を確認します。

(1) 登記情報の現況の確認 ■■■■■■■■■■■■■■■■■■■■■

　被相続人の遺産の中に地上権がある場合、当該地上権が登記されている地上権かどうかをまず確認する必要があります。

　建物所有目的の土地に関する地上権の場合、借地借家法では、土地の上に借地権者が登記されている建物を所有するときは、土地地上権の登記がなくても第三者に対抗できるとされており、このような土地地上権の場合、地上権の登記がなされていない場合もあります（借地借家10①）。このような場合は、地上権の登記がないので、行うべき登記は地上権の移転ではなく、建物の所有権の相続登記を行うということになります。

　一方、被相続人が登記された地上権を保有している場合は、当該地上権の相続による移転登記を行う必要がありますが、所有権の相続と異なり、賃借権と同様、地上権にも「存続期間」という概念があることに留意しなければなりません。地上権の存続期間とは、地上権の効力はいつからいつまでなのかという地上権の効力の有効期間で、地上権の登記事項となっています。

　登記情報を確認し、対象地上権の登記上の存続期間が満了していないかを確認する必要があります。もし、登記上の存続期間が相続開始前に満了しているのであれば、実際の契約上も地上権は終了しているのかを依頼人に確認する必要があります。登記上の存続期間が満了していても、契約上の存続期間は延長されている場合があり、地上権自体は継続している場合があるためです。

登記上の存続期間が満了しており、実際の契約上も相続開始前に地上権が終了している場合で地上権の登記が残っているだけであれば、当該地上権は抹消すべきで、相続による移転登記を行うことはできないことになります。

登記上の存続期間が満了しているものの、実際の契約は期間延長されている場合は、存続期間の変更登記を行った上で相続による地上権移転登記を行う必要があります（登研439・128）。

依頼の初期段階で、実際の地上権が現状どうなっているか、借地借家法の適用の有無と地上権登記の有無、地上権の登記上の存続期間と実際の契約上の期間延長の有無を確認し、これから行うべき手続を取り間違えないように差配することが肝要です。

(2)　遺言書の有無の確認 ■■■■■■■■■■■■■■■■■■■■■■

地上権が登記されており、実体上も継続されている場合は、当該地上権の相続による移転登記を行うことになります。地上権の相続登記を行うためには、当該地上権が相続によって誰に承継されるかを確認する必要があります。被相続人が有効な遺言を残している場合、当該地上権は遺言によって指定された者に承継されることになります。まずは遺言書の有無を確認する必要があり、遺言書があれば、遺言書の記載内容を確認し、遺言書自体の有効性、遺言執行者の有無等遺言内容の検討を行う必要があります。

遺言書の有無の確認は、被相続人の遺品調査、相続人に対する聞き取りの他、公証役場の遺言書検索システムを利用する方法が考えられます。

公証役場の遺言書検索システムを利用するには、最寄りの公証役場に対して、戸籍謄本（全部事項証明書）、除籍謄本（除籍全部事項証明書）等被相続人死亡を証する資料、請求者が相続人であることの資料及び免許証等の本人確認資料を提出して請求することになります。

遺言書の捜索の結果、遺言書がなければ、被相続人の地上権は法定相続によって承継されるか、相続人全員の遺産分割協議によって承継する者を決めることになります。

(3)　相続内容の確認 ■■■■■■■■■■■■■■■■■■■■■■■

遺言書がある場合は、遺言書の内容によって地上権の相続による承継先を確認します。遺言書の内容が、相続人に対して相続させる遺言になっていれば、当該指定を受けた相続人が承継することになります。一方、相続人以外の者に遺贈する内容になっている場合は、受遺者が遺贈を受諾するか否かを確認し、受遺者が遺贈を受諾すれば、

当該受遺者に承継されることになります。

　遺言書がない場合は、相続人に対して法定相続されるか、相続人全員の遺産分割協議によって地上権の帰属先を決めることになります。相続人に地上権の承継先をどのようにするかを確認しましょう。

2　添付情報の確認・収集

（1）　添付情報の確認
　　相続による地上権移転登記に必要な書類を確認します。
（2）　添付情報の収集
　　相続による地上権移転登記に必要な書類の収集についての打合せ、確認を行います。

（1）　添付情報の確認　■■■■■■■■■■■■■■■■■■■■■■■■■■■

相続による地上権移転登記の添付情報は下記のとおりです。

① 登記原因証明情報

　　被相続人である地上権者の出生から死亡までの除籍謄本（除籍全部事項証明書）・改製原戸籍謄本一式と、相続人の現在戸籍謄（抄）本（全部（一部）事項証明書）が登記原因証明情報となります。これに代えて法定相続証明情報も登記原因証明情報とすることが可能です。その他、不動産登記事項証明書上の地上権者と申請に係る被相続人が同一人であることを証するため、不動産登記事項証明書上の地上権者の住所氏名と住所氏名の沿革記載のある被相続人の最後の住所における住民票の除票の写しあるいは戸籍の除附票の写しが必要になります。また、遺産分割協議で相続人のうちの特定の者が当該地上権を承継することが決まっている場合や、相続放棄をした者が相続人中に存在する場合は、遺産分割協議書及び遺産分割に係る相続人全員の印鑑登録証明書や、相続放棄申述受理証明書が必要になります。

　　遺言書がある場合は、当該遺言書と遺言者の死亡を証する除籍謄本（除籍全部事項証明書）が登記原因証明情報になります。

② 委任状（代理人申請の場合）

第5章　相続を原因とする（根）抵当権等の登記の実行　　219

(2)　添付情報の収集　■■■■■■■■■■■■■■■■■■■■■■■■■■

　相続による地上権移転登記には種々の添付情報の添付が必要になります。依頼者との打合せにおいて当該書類をスムーズに収集することができるよう差配することが肝要になります。

　相続による地上権移転登記に必要な添付情報のうち、戸籍類は司法書士の職権によって代理取得することも可能ですので、戸籍関係を依頼者自身で収集するか、職権取得を依頼されるかについて打合せしておくことが必要です。通常、依頼者自身によって戸籍を取得する場合、一度で完全な戸籍を収集しきることは難しいと想定されますので、依頼者自身が収集する場合であっても、収集状況を司法書士によって都度確認することが好ましいといえます。

　その他、印鑑登録証明書は依頼者に準備してもらわなければならないものになりますので、依頼者に準備してもらうものとして案内しておく必要があります。

　依頼者側で準備してもらうものについては受任時にリスト化して明確に示しておくことが肝要です。

3　登記申請書の作成

(1)　移転登記申請書の作成
　相続による地上権移転登記申請書を作成します。

(1)　移転登記申請書の作成　■■■■■■■■■■■■■■■■■■■■■■

相続による地上権移転登記申請書は後記のとおりです。

【参考書式34】　相続による地上権移転登記申請書

220 第5章 相続を原因とする（根）抵当権等の登記の実行

【参考書式34】 相続による地上権移転登記申請書

登 記 申 請 書

登 記 の 目 的　○番地上権移転
原　　　　因　○年○月○日　相続
相　　続　　人　（被相続人○○○○）
　　　　　　　　○○県○○市○○町1丁目2番3号
　　　　　　　　　持分○分の○
　　　　　　　　　○○○○
　　　　　　　　○○県○○市○○町1丁目2番4号
　　　　　　　　　持分○分の○
　　　　　　　　　○○○○
　　　　　　　　○○県○○市○○町1丁目2番5号
　　　　　　　　　持分○分の○
　　　　　　　　　○○○○

添 付 情 報
　　　登記原因証明情報　　相続証明情報　　代理権限証明情報

送付の方法による登記識別情報の交付を希望する
送付の方法による登記完了証の交付を希望する
送付の方法による添付書類の原本還付を希望する
送付先　資格者代理人事務所

○年○月○日申請　○○法務局　○○支局

代　　理　　人　○○県○○市○○町2丁目3番4号
　　　　　　　　司法書士　○○○○　㊞
　　　　　　　　　電話番号　○○−○○○○−○○○○
課 税 価 格　金○○○○円※1
登 録 免 許 税　金○○○○円※2
不 動 産 の 表 示　〔省略〕

※1　不動産固定資産評価額（1,000円未満切捨て）
※2　課税価格の1,000分の2（100円未満切捨て）（登税別表1−（三）ロ）

3 地役権の相続登記をする

＜フローチャート～地役権の相続登記＞

1 現況の確認
　(1)　登記情報の現況の確認

2 地役権の帰趨に関する登記
　(1)　要役地の移転登記
　(2)　地役権の抹消登記

1 現況の確認

> **（1） 登記情報の現況の確認**
>
> 要役地、承役地の登記記録の内容を確認し、行うべき登記の確認をします。

（1） 登記情報の現況の確認 ■■■■■■■■■■■■■■■■■■■■■

　地役権とは、設定行為で定めた目的に従い他人の土地を自己の土地の便益に供する権利です（民280）。地役権を設定することによって便益を受ける土地を要役地といい、要役地のために地役権を設定される土地を承役地といいます。

　地役権の登記は承役地に対して設定登記を行い、承役地に対して地役権設定登記がなされると、登記官の職権で要役地にもその旨の登記がなされます。

　地役権の登記はあくまで土地の便益のためになされる登記であって、特定の人に属する権利ではありません。したがって、地役権の登記では、特定の人物が地役権者として登記されるのではなく、要役地としての土地がどこであるかという土地所在と、目的や範囲等地役権の内容が登記されるということになります。

　また、地役権は、原則、要役地の所有権に付従しますので、要役地の所有権が移転されると地役権もこれに当然従う結果になります。

　すなわち、地役権については、地役権そのものの相続による移転という概念はなく、地役権の移転登記は申請することができません。

　被相続人が要役地としての土地を所有していた場合、地役権もその土地に付従するため、当該要役地の相続による所有権移転登記を行えば足りることになります。

　一方、地役権設定行為では、地役権の内容として「地役権は要役地と共に移転しない」旨の特約を定めることができます（民281①ただし書）。この特約がある場合は、要役地の移転に伴って地役権は移転しないことになるため、要役地の所有権が移転すると地役権は消滅することになります。

　被相続人が要役地としての土地を所有している場合、当該土地の承継によって地役権も付従して取得するかどうかを確認するため、要役地及び承役地の登記情報を取得して地役権の内容を確認する必要があります。

第5章　相続を原因とする（根）抵当権等の登記の実行　　223

2 　地役権の帰趨に関する登記

> **(1)　要役地の移転登記**
> 　特に特約のない場合、地役権は要役地に付従して移転することになります。
> **(2)　地役権の抹消登記**
> 　地役権は要役地と共に移転しない旨の特約がある場合、地役権は消滅することになります。

(1)　要役地の移転登記 ■■■■■■■■■■■■■■■■■■■■■■■■

　地役権は要役地と共に移転しない旨の特約がない地役権が被相続人所有の土地を要役地として設定されている場合は、被相続人所有土地の相続による所有権移転登記を行えば、当該土地の相続による所有権移転に伴って要役地役権も移転することになります。前述のとおり地役権そのものの移転登記を行うことはできず、その必要もありません。

(2)　地役権の抹消登記 ■■■■■■■■■■■■■■■■■■■■■■■■

　地役権は要役地と共に移転しない旨の特約がある地役権の要役地につき、相続による所有権移転が生じた場合、この所有権移転に伴って地役権は移転せず、消滅することになるため、この場合は、要役地の所有権移転を原因とする地役権の抹消登記を行うことになります。

【参考書式35】　要役地の所有権移転を原因とする地役権抹消登記申請書

224 第5章 相続を原因とする（根）抵当権等の登記の実行

【参考書式35】 要役地の所有権移転を原因とする地役権抹消登記申請書

登 記 申 請 書

登 記 の 目 的　　○番地役権抹消

原　　　　　因　　○年○月○日　要役地の所有権移転

権　利　者　　○○県○○市○○町1丁目2番3号
　　　　　　　　　○○○○

義　務　者　　○○県○○市○○町1丁目2番4号
　　　　　　　　　○○○○

添　付　情　報
　　　　登記原因証明情報　　　登記識別情報　　　代理権限証明情報

送付の方法による登記完了証の交付を希望する
送付の方法による添付書類の原本還付を希望する
送付先　資格者代理人事務所

○年○月○日申請　　○○法務局　　○○支局

代　理　人　　○○県○○市○○町2丁目3番4号
　　　　　　　　司法書士　○○○○　㊞
　　　　　　　　　電話番号　○○－○○○○－○○○○

登 録 免 許 税　　金1,000円※

不動産の表示　　〔省略〕

※1筆につき1,000円（登税別表1－（十五））

第 6 章

登記後の処理

226

第1 相続を原因とする登記の更正登記をする

＜フローチャート～相続を原因とする登記の更正登記＞

1 更正登記の要件の確認
- (1) 共同相続登記を単独相続登記に更正
- (2) 単独相続登記を共同相続登記に更正
- (3) 相続分を更正
- (4) 債権者代位による相続登記を更正

補助者業務のポイント

戸籍等資料収集サポート

2 添付情報の確認・収集
- (1) 更正の原因を証する書面
- (2) 登記義務者の登記済権利証（登記識別情報通知）
- (3) 登記義務者の印鑑登録証明書
- (4) 住所証明情報
- (5) 登記上の利害関係人の承諾書

3 更正登記申請書の作成
- (1) 共同相続を単独相続に更正する場合
- (2) 単独相続を共同相続に更正する場合
- (3) 相続分を更正する場合

228　　第6章　登記後の処理

1　更正登記の要件の確認

（1）　共同相続登記を単独相続登記に更正

　相続人全員で共同相続登記がされている場合で、その中の1人の相続人が単独で相続することが遺産分割協議等で確定した場合は、更正登記を行うことになります。

（2）　単独相続登記を共同相続登記に更正

　相続人の中の1人が単独で相続登記をしていた場合で、相続人全員で共同相続することが遺産分割協議等で確定した場合は、更正登記を行うことになります。

（3）　相続分を更正

　相続人全員で共同相続登記がされている場合で、既にされている共同相続登記と異なる持分で相続することが遺産分割協議等で確定した場合は、更正登記を行うことになります。

（4）　債権者代位による相続登記を更正

　更正登記の要否については、上記(1)～(3)と同様ですが、更正登記の際に代位債権者の承諾の要否が特に問題となります。

（1）　共同相続登記を単独相続登記に更正 ■■■■■■■■■■■■■

　相続人全員による共同相続登記がされている場合で、その中の1人の相続人が単独で相続することが確定した場合には、単独で相続する相続人以外の相続人に関する相続登記は実体と適合しない誤った登記といえることから、これを訂正補充するために更正登記を行うことになります。

ア　登記手続の方法（共同申請）

　「権利に関する登記の申請は、法令に別段の定めがある場合を除き、登記権利者及び登記義務者が共同してしなければならない。」とされています（不登60）。

　更正登記も「権利に関する登記」であることから、原則として共同申請で行う必要があります。

　登記権利者とは、登記上の利益を受ける者をいい、登記義務者とは、登記上の不利益を受ける者をいいます。

第6章　登記後の処理　　229

　このことから、本件では単独で相続する相続人が自己の法定相続分以上の持分を取得することになることから登記権利者、更正登記を行うことにより持分を失うことになる他の相続人が登記義務者となり、両者による共同申請が必要となります。

　イ　「登記上の利害関係人」の承諾の必要性

　「権利の変更の登記又は更正の登記は、登記上の利害関係を有する第三者の承諾がある場合及び当該第三者がない場合に限り、付記登記によってすることができる。」とされています（不登66）。「登記上の利害関係人」とは、具体的には、更正登記によってなくなる権利に対して設定されている抵当権の抵当権者等がこれに当たります。

　なお、利害関係人の承諾が得られない場合には、当該利害関係人に対抗することができる裁判があったことを証する情報、すなわち裁判の謄本を添付することにより更正登記を行うことができるとされています（不登令別表㉕添付情報欄ロ）。

> ケーススタディ

【ケース1】

Q　単独相続の遺言書があるにもかかわらず共同相続登記がされた場合、どうすれば単独相続登記に変更できるのでしょうか。

A　具体的には、被相続人A、妻B、子Cがいて、Aが亡くなったことにより、BとCが2分の1ずつの割合で相続登記を行っている場合で、Cに全ての財産を相続させると記載されたAの遺言書が見つかったような場合となります。

　この場合、遺言書で単独相続人となっているCの持分2分の1の範囲内で上記相続登記は実体と適合していることとなるため、更正登記によってBとCが2分の1ずつの割合で行った相続登記をCの単独相続登記に更正することができます。

　なお、その際の登記原因証明情報として、Aの遺言書を添付することとなります。

【ケース2】

Q　相続人全員で共同相続登記をし、相続人全員を設定者として抵当権設定登記がされている場合、ある相続人の単独所有とする相続登記の更正には抵当権者の承諾が必要なのでしょうか。

A 【ケース1】と同様のケースを想定すると、この場合、抵当権設定時においては単独所有となるC以外の相続人であるBは2分の1の持分を持っていなかったこととなることから、その部分の抵当権設定は無効であり、本件抵当権はCの法定相続分である2分の1の持分のみを担保することとなります。

このことから、本件更正登記を行うことにより抵当権者は権利の一部（Bの持分2分の1を担保する抵当権）を失うこととなることから、「登記上の利害関係を有する者」に当たり、その承諾が必要となります。

【ケース3】

Q 相続人全員で共同相続登記をし、共同相続人の中のある者の持分に抵当権設定登記がされている場合、その者の単独所有とする相続登記の更正には抵当権者の承諾が必要なのでしょうか。

A 【ケース1】と同様のケースを想定すると、Cの持分2分の1に対してのみ抵当権を設定している場合が本件に該当します。この場合、単独所有となるCの持分に関する抵当権は、上記更正登記をしても当初の持分の範囲で有効なままであり、抵当権者はなんら権利を失わないことから、その承諾なく更正登記を行うことができます。

【ケース4】

Q 共同相続人の中のある者の持分に抵当権が設定されている場合、その者とは別の者の単独所有とする相続登記の更正には抵当権者の承諾が必要なのでしょうか。

A 【ケース1】と同様のケースを想定すると、Bの持分2分の1に対してのみ抵当権を設定している場合が本件に該当します。本件の場合、抵当権設定時においては単独所有となる相続人以外の相続人Bは持分を持っていなかったこととなることから、その部分の抵当権設定は無効であり、本件抵当権は全て効力のないものとなります。

このことから、本件更正登記を行うことにより抵当権者は権利の全部を失うこ

ととなることから、「登記上の利害関係を有する者」に当たり、その承諾が必要となります。

(2) 単独相続登記を共同相続登記に更正 ■■■■■■■■■■■■■

相続人の1人による単独相続登記がされている場合で、相続人全員が共同で相続することが確定した場合には、単独相続登記を行った相続人の法定相続分以外に関する相続登記は実体と適合しない誤った登記といえることから、これを訂正補充するために更正登記を行うことになります。

ア 登記手続の方法（共同申請）

「権利に関する登記の申請は、法令に別段の定めがある場合を除き、登記権利者及び登記義務者が共同してしなければならない。」とされています（不登60）。

更正登記も「権利に関する登記」であることから、原則として共同申請で行う必要があります。

登記権利者とは、登記上の利益を受ける者をいい、登記義務者とは、登記上の不利益を受ける者をいいます。

具体例としては、被相続人A、妻B、子Cがいて、Aが亡くなったことにより、Cに全ての財産を相続させると記載されたAの遺言書に基づきC単独の相続登記を行った後で、BとCが話し合って2分の1ずつ相続するという内容の遺産分割協議が成立したような場合が想定されます。

この場合、単独相続登記を行った相続人C以外の相続人Bは自己の法定相続分の持分を取得することになることから登記権利者、更正登記を行うことにより自己の法定相続分以外の持分を失うことになる単独相続登記を行った相続人Cが登記義務者となり、両者による共同申請が必要となります。

$$\boxed{\text{ケーススタディ}}$$

Q　単独登記名義人となった者が抵当権設定登記をしている場合、共同相続登記に更正するには抵当権者の承諾が必要なのでしょうか。

A　上記アと同様のケースを想定すると、この場合、抵当権設定時においては単独登記名義人となっている相続人Cは、法定相続分に当たる持分である2分の1しか持っていなかったこととなることから、その他の部分である2分の1の持分に対する抵当権設定は無効であり、本件抵当権はCの法定相続分に当たる2分の1の持分

のみ担保するものとなります。

　このことから、本件更正登記を行うことにより抵当権者は権利の一部（Bが取得することとなる2分の1の持分に対する抵当権）を失うこととなることから、「登記上の利害関係を有する者」に当たり、その承諾が必要となります。

(3) 相続分を更正 ■■■■■■■■■■■■■■■■■■■■■■■■■■■■

　相続人全員による共同相続登記がされている場合で、既にされている共同相続登記と異なる持分で相続することが確定した場合には、異なる持分の範囲で相続登記は実体と適合しない誤った登記といえることから、これを訂正補充するために更正登記を行うことになります。

　ア　登記手続の方法：共同申請

　「権利に関する登記の申請は、法令に別段の定めがある場合を除き、登記権利者及び登記義務者が共同してしなければならない。」とされています（不登60）。

　更正登記も「権利に関する登記」であることから、原則として共同申請で行う必要があります。

　登記権利者とは、登記上の利益を受ける者をいい、登記義務者とは、登記上の不利益を受ける者をいいます。

　具体的には、被相続人A、妻B、子C、Dがいて、Aが亡くなったことにより、Bが2分の1、C、Dが4分の1ずつの割合で相続登記を行っている場合で、その後、B、C、Dが話し合って、BとDが4分の1、Cが2分の1の割合で相続することとなった場合が想定されます。

　この場合、共同相続登記と異なる持分が確定したことにより共同相続登記より持分が増加した相続人Cは増加分の持分を取得することになることから登記権利者、更正登記を行うことにより共同相続登記より持分が減少した相続人Bが登記義務者となり、両者による共同申請が必要となります。なお、持分が増加も減少もしない相続人Dは登記申請者にはなりません。

$$\boxed{\text{ケーススタディ}}$$

【ケース1】

Ｑ　所有権全体に抵当権が設定されている場合、持分の更正には抵当権者の承諾が必要なのでしょうか。

第6章 登記後の処理　　233

A　上記アと同様のケースを想定すると、B、C、Dが法定相続分に基づいて相続登記を行った後に、全員が共同して全員の持分に対して抵当権を設定した場合がこれに該当します。この場合、抵当権者は不動産全体の交換価値を把握して優先弁済権を取得したものと考えられ、共有持分が更正されても抵当権には影響はなく、抵当権者の承諾を要しないとされています（昭47・5・1民事甲1765）。

【ケース2】

Q　ある者の持分に抵当権が設定されている場合、その者の持分を増加させる更正登記には抵当権者の承諾が必要なのでしょうか。

A　上記アと同様のケースを想定すると、B、C、Dが法定相続分に基づいて相続登記を行った後に、Cが持分4分の1に対して抵当権を設定し、その後に話合いにより上記のように持分が変更された場合がこれに該当します。この場合、更正登記により持分が増加する相続人Cの持分に関する抵当権は、上記更正登記をしても当初の持分である4分の1の持分の範囲で有効なままであり、抵当権者はなんら権利を失わないことから、その承諾なく更正登記を行うことができます。

【ケース3】

Q　ある者の持分に抵当権が設定されている場合、その者の持分を減少させる更正登記には抵当権者の承諾が必要なのでしょうか。

A　上記アと同様のケースを想定すると、B、C、Dが法定相続分に基づいて相続登記を行った後に、Bが持分2分の1に対して抵当権を設定し、その後に話合いにより上記のように持分が変更された場合がこれに該当します。この場合、抵当権設定時においては持分が減少する相続人Bは減少する持分を持っていなかったこととなることから、その部分の抵当権設定は無効であり、本件抵当権は減少後の持分のみ担保するものとなります。

　このことから、本件更正登記を行うことにより抵当権者は権利の一部（Bが失う持分4分の1に対する抵当権）を失うこととなることから、「登記上の利害関係を有する者」に当たり、その承諾が必要となります。

234　　第6章　登記後の処理

（4）　債権者代位による相続登記を更正　■■■■■■■■■■■■■

　更正登記の要否については、前述した上記(1)～(3)と同様ですが、債権者代位によりなされた相続登記を更正する場合、当該代位者が「登記上の利害関係を有する者」に該当し、その承諾を要するか否かが問題となります。

ア　特別受益者がいた場合

　債権者代位により共同相続登記がされたが特別受益者がいた場合、更正登記には代位者の承諾が必要かが問題となります。

　「特別受益者」とは、共同相続人中に、被相続人から、遺贈を受け、又は婚姻若しくは養子縁組のため若しくは生計の資本として贈与を受けた者をいいます（民903①）。この場合、当該特別受益を相続財産に加えた上で相続分の算定をし直すことになります。

　この結果、特別受益者の相続持分が減少又はないこととなる場合には、他の相続人の持分に関する共同相続登記は実体と適合していることから、更正登記によることとなります。

　そして、上記共同相続登記が債権者代位によってなされていた場合には、当該代位者は「登記上の利害関係を有する第三者」に該当し、その者の承諾書の添付を要するとされています（昭39・4・14民事甲1498）。

　これは、債権者が代位でした相続登記を債権者の不知の間に相続人がその更正登記をすると債権者の代位の目的が達せられない場合が生じることになるためであると解釈されています。

イ　相続放棄者がいた場合

　債権者代位により共同相続登記がされたが相続放棄者がいた場合、更正登記には代位者の承諾が必要かが問題となります。

　相続放棄によって、放棄者は「初めから相続人とならなかったものとみなす」（民939）こととなり、他の相続人の持分に関する共同相続登記は実体と適合していることから、更正登記によることとなります。

　この場合、上記アにて参照した先例の趣旨が同様に当てはまることから、代位者は「登記上の利害関係を有する第三者」に該当し、その者の承諾書の添付を要するものと考えられます。

```
┌─────────── アドバイス ───────────┐
```

○登記済権利証に注意

　代位登記によって相続登記がなされている際に注意すべき点は、①代位者の承諾書が

第6章　登記後の処理　　235

なければ更正登記が行えないこと、②代位による相続登記の登記済権利証（登記識別情報通知）が発行されていないこと、の2点です。

　特に②については、例えば代位によりＡＢ共有の共同相続登記がなされ、その更正登記によってＡ単独所有となった場合で、Ａが相続物件を売却する際には、更正登記の時点で発行された登記済権利証（登記識別情報通知）のみでは手続が行えないこととなるため注意が必要となります。この場合、共同相続登記時点でのＡの登記済権利証（登記識別情報通知）が併せて必要となります。

　このため、登記済権利証（登記識別情報通知）に代わる書類（資格者による本人確認情報等）を準備する必要があることに注意が必要になります。

ケーススタディ

【ケース1】

Ｑ　相続放棄があった場合、債権者代位によりされた相続登記の更正は当該代位者から申請できるのでしょうか。

Ａ　相続放棄によって、放棄者は「初めから相続人とならなかったものとみなす」（民939）こととなり、他の相続人の持分に関する共同相続登記は実体と適合していることから、更正登記によることとなります。

　そして、当該更正登記は原則として、相続放棄によって相続持分を失う者を登記義務者、相続放棄の結果として相続持分が増加する相続人を登記権利者として、共同申請により行う必要があります。

　この場合、当該相続登記を代位した代位者の単独申請によって更正登記をすることはできないとされています（登研461・118、登研499・183）。

【ケース2】

Ｑ　相続放棄があった場合、債権者代位によりされた相続登記の更正は放棄者以外から申請できるのでしょうか。

Ａ　相続放棄によって、放棄者は「初めから相続人とならなかったものとみなす」（民939）こととなり、他の相続人の持分に関する共同相続登記は実体と適合していることから、更正登記によることとなります。

そして、当該更正登記は原則として、相続放棄によって相続持分を失う者を登記義務者、相続放棄の結果として相続持分が増加する相続人を登記権利者として、共同申請により行う必要があります。

この場合、放棄者を除く他の相続人らの単独申請によって更正登記をすることはできないとされています（登研461・118、登研499・183）。

補助者業務のポイント

〇補助者において、戸籍謄本（全部事項証明書）、遺産分割協議書、遺言書など、複数の資料を取りまとめる場合

　補助者において、戸籍謄本（全部事項証明書）、遺産分割協議書、遺言書など、複数の資料を取りまとめ、不動産登記事項証明書上に表れている権利関係と実際の権利関係との間でどのように違いが生じているのかを分析し、資格者とその情報を共有することによって、登記手続の方針を決めることになります。

　このため、資料を取りまとめる際に、不動産登記事項証明書上の権利関係と実際の権利関係がどのように違っているのかをわかりやすくまとめることにより、業務をより効率的に進めることにつながります。

---

2 添付情報の確認・収集

（1）更正の原因を証する書面

　実体と登記とに離齬が生じていることを証明する書面を確認、収集する必要があります。

（2）登記義務者の登記済権利証（登記識別情報通知）

　更正登記の対象となる権利に関する登記済権利証（登記識別情報通知）を確認、収集する必要があります。

（3）登記義務者の印鑑登録証明書

　更正登記の対象となる権利を有する者の印鑑登録証明書を確認、収集する必要があります。

(4)　住所証明情報

　更正登記により新たに権利を取得する者の住所を証明する書面を確認、収集する必要があります。

(5)　登記上の利害関係人の承諾書

　更正登記につき登記上の利害関係を有する第三者の承諾書を確認、収集する必要があります。

(1)　更正の原因を証する書面 ■■■■■■■■■■■■■■■■■■■■■

　実体と登記とに齟齬が生じていることを証明する書類の添付を要します。具体的には、遺言書や遺産分割協議書、相続放棄申述受理証明書などがこれに当たります。

　遺言書がこれに当たる例としては①(1)ケーススタディ【ケース1】、遺産分割協議書がこれに当たる例としては①(2)アの具体例をご参照ください。

　「相続放棄申述受理証明書」とは、相続人が相続放棄をしたことを証明する家庭裁判所発行の証明書です。相続放棄申述受理証明書がこれに当たる例としては、被相続人A、妻B、子Cがいて、Aが亡くなったことにより、BとCが2分の1ずつの法定相続割合で相続する登記をBが行った後に、Cが既に相続放棄をしていたことが判明したような場合がこれに該当します。

(2)　登記義務者の登記済権利証（登記識別情報通知） ■■■■■■■■

　更正登記の対象となる登記を行った際に、登記義務者に交付された登記済権利証（登記識別情報通知）の添付を要します（不登22）。

(3)　登記義務者の印鑑登録証明書 ■■■■■■■■■■■■■■■■■■

　登記義務者の印鑑登録証明書の添付を要します（不登令16②）。なお、この印鑑登録証明書は、作成後3か月以内のものであることを要します（不登令16③）。

(4)　住所証明情報 ■■■■■■■■■■■■■■■■■■■■■■■■

　更正登記によって新たに権利を取得し登記名義人になる者の住所を証する書面の添

238 第6章 登記後の処理

付を要します（不登令別表⑳添付情報欄ロ）。具体的には、住民票の写しや戸籍の附票の写しなどがこれに当たります。

(5) 登記上の利害関係人の承諾書 ■■■■■■■■■■■■■■■■■■

　更正登記につき登記上の利害関係を有する第三者があるときは、その者の承諾書の添付を要します。当該「承諾書」は、実印を押印し、その実印に関する印鑑登録証明書を添付することが必要になります。

　上記「登記上の利害関係を有する第三者」とは、更正登記により共有持分が減少し又は共有名義が消滅する所有権又は共有持分を目的とする抵当権、地上権、賃借権等の登記名義人や、差押え、仮差押えの登記名義人などを指します。

3 更正登記申請書の作成

（1）　共同相続を単独相続に更正する場合
　　単独で相続する相続人を登記権利者、その他の相続人を登記義務者として、共同申請による申請書を作成します。
（2）　単独相続を共同相続に更正する場合
　　単独相続登記の登記名義人を登記義務者、その他の相続人を登記権利者として、共同申請による申請書を作成します。
（3）　相続分を更正する場合
　　更正登記により、更正前より持分が増加する者を登記権利者、持分が減少する者を登記義務者として、共同申請による申請書を作成します。

(1) 共同相続を単独相続に更正する場合 ■■■■■■■■■■■■■■■■

　単独で相続する相続人を登記権利者、その他の相続人を登記義務者として申請書を作成します。

　登記原因証明情報としては、単独相続と定めた遺言書、遺産分割協議書等がこれに当たります。具体例については、2 (1)をご参照ください。

【参考書式36】　更正登記申請書（共同相続を単独相続に更正する場合）

(2)　単独相続を共同相続に更正する場合 ■■■■■■■■■■■■■■

　単独相続登記の登記名義人を登記義務者、その他の相続人を登記権利者として申請書を作成します。
　更正登記によって新たに登記名義人となる相続人については、住所証明情報を要する点に注意が必要となります。

【参考書式37】　更正登記申請書（単独相続を共同相続に更正する場合）

(3)　相続分を更正する場合 ■■■■■■■■■■■■■■■■■■

　更正登記をすることにより、更正前より持分が増加する者を登記権利者、持分が減少する者を登記義務者として申請書を作成します。
　なお、更正前と更正後とで持分に増減のない相続人は、登記申請人とはなりません。
　この場合、持分のみを更正するため、新たに登記名義人となる相続人はいないことから、住所証明情報を要しないこととなります。

【参考書式38】　更正登記申請書（相続分を更正する場合）

240　　第6章　登記後の処理

【参考書式36】　更正登記申請書（共同相続を単独相続に更正する場合）

登　記　申　請　書

登 記 の 目 的　　所有権更正

原　　　　因　　錯誤

更正する登記　　○年○月○日受付第○○○○○○号

更正後の事項　　所有者　○○市○○町1丁目2番　A

権　利　者　　○○市○○町1丁目2番　A

義　務　者　　○○市○○町3丁目4番　B

添 付 情 報

　　登記原因証明情報　　登記識別情報　　印鑑証明書　　代理権限証明情報

　　承諾書

登記識別情報（登記済証）を提供することができない理由

□不通知　□失効　□失念　□その他（　　　　　　）

□登記識別情報の通知を希望しません。

○年○月○日申請　○○法務局　○○支局

代　理　人　　○○市○○町5丁目6番

　　　　　　　司法書士　○○○○　㊞

　　　　　　　　電話番号　○○○－○○○－○○○○

登 録 免 許 税　　金○○○○円

〔以下省略〕

第6章　登記後の処理　　241

【参考書式37】　更正登記申請書（単独相続を共同相続に更正する場合）

登　記　申　請　書

登 記 の 目 的　　　所有権更正
原　　　因　　　錯誤
更 正 す る 登 記　　　○年○月○日受付第○○○○○○号
更 正 後 の 事 項　　　共有者　○○市○○町1丁目2番　持分○分の○　A
　　　　　　　　　　　　　　　　○○市○○町3丁目4番　持分○分の○　B
権　利　者　　　○○市○○町3丁目4番　B
義　務　者　　　○○市○○町1丁目2番　A
添　付　情　報
　　　登記原因証明情報　　登記識別情報　　印鑑証明書　　住所証明情報※
　　　代理権限証明情報　　承諾書
〔以下省略〕

※Bは新たに持分を取得することとなるため、Bの住所証明情報の添付を要します。

【参考書式38】　更正登記申請書（相続分を更正する場合）

登　記　申　請　書

登 記 の 目 的　　　所有権更正
原　　　因　　　錯誤
更 正 す る 登 記　　　○年○月○日受付第○○○○○○号
更 正 後 の 事 項　　　A持分○分の○
　　　　　　　　　　　　B持分△分の△
権　利　者　　　○○市○○町3丁目4番　B
義　務　者　　　○○市○○町1丁目2番　A
添 付 情 報※
　　　登記原因証明情報　　登記識別情報　　印鑑証明書　　代理権限証明情報
　　　承諾書
〔以下省略〕

※Bは新たに持分を取得するわけではないため、Bの住所証明情報は不要です。

第2 相続を原因とする登記を抹消する

＜フローチャート～相続を原因とする登記の抹消＞

1 抹消登記の要件の確認
- （1） 登記と実体法上の権利関係の完全な不適合
- （2） 登記上の利害関係人の承諾
- （3） 現に効力を有する登記であること

2 添付情報の確認・収集
- （1） 抹消の原因を証する書面
- （2） 登記義務者の登記済権利証（登記識別情報通知）
- （3） 登記義務者の印鑑登録証明書
- （4） 登記上の利害関係人の承諾書

3 抹消登記申請書の作成
- （1） 所有権保存登記の抹消
- （2） 所有権移転登記の抹消

第6章　登記後の処理　　　243

1 抹消登記の要件の確認

（1）　登記と実体法上の権利関係の完全な不適合
　登記名義人が全く権利を持たないことが遺言書や遺産分割協議等で確定
した場合などに行います。
（2）　登記上の利害関係人の承諾
　抹消する権利に対して登記上の利害関係を有する者の承諾がなければ抹
消登記を行うことができません。
（3）　現に効力を有する登記であること
　抹消すべき登記そのものが形式上現に効力を有するものでなければなら
ないとされています。

（1）　登記と実体法上の権利関係の完全な不適合 ■■■■■■■■■■■

　抹消の対象となる登記の登記名義人が全くの無権利者であり、登記と実体法上の権
利関係とが全く重ならないような場合に抹消登記を行うこととなります。
　具体的には、被相続人A、妻B、子Cがいて、Aが亡くなったことにより、BとC
が2分の1ずつの割合で相続登記を行っている場合で、Cの子でAにとって孫に当たる
Dに全ての財産を遺贈すると記載されたAの遺言書が見つかったような場合がこれに
該当します。
　この場合、B、Cの相続登記を抹消した上で、改めてDに所有権を移転する登記を
行うこととなります。
　ア　遺産分割協議で一度決まった相続人とは別の者を相続人とする遺産分割協議が
　　　再度なされた場合
　一度なされた相続登記の登記名義人と異なる別の者を再度遺産分割協議で定める場
合には、登記名義人は全くの無権利者となることから、登記と実体法上の権利関係が
全く重ならない状態といえるため、相続登記を抹消し、再度相続登記を行うこととな
ります。
　先例においても、共同相続人A、B、C間での遺産分割協議によってAを相続人と
する相続登記をした場合で、錯誤により当該相続登記を抹消し、再度遺産分割協議書

を添付した上で、Bを相続人として相続登記をすることができるとされています（登研451・125）。

　イ　債権者代位により第1順位相続人の共同相続登記がされたが、第1順位相続人が相続放棄をしていた場合

　第2順位相続人が相続登記をするためには、どのような方法によるかが問題となります。

　本件の場合、以下2つの場合によりその方法が異なることになります。

　　（ア）　代位による相続登記がされる前に、第1順位相続人が相続放棄をしていた場合

　この場合、代位により相続登記がされた時点で既に2人共が相続人ではなかったこととなるため、代位による相続登記を抹消し、再度第2順位相続人を登記名義人とする相続登記を行うこととなります（昭52・4・15民三2379）。

　　（イ）　代位による相続登記がされた後に、第1順位相続人が相続放棄をしていた場合

　この場合、代位により相続登記がされた時点では第1順位相続人が相続人であったことから、この相続登記を抹消することなく、第1順位相続人から第2順位相続人に対する所有権移転登記を行うこととなります。この場合の登記原因は、「A及びBの相続の放棄」であり、その日付は、相続放棄の申述に対する受理の審判の告知の日となります（昭33・4・15民事甲771）。

(2)　登記上の利害関係人の承諾 ■■■■■■■■■■■■■■■■■

　「権利に関する登記の抹消は、登記上の利害関係を有する第三者の承諾がある場合には、当該第三者の承諾があるときに限り、申請することができる。」とされています（不登68）。

　上記(1)の具体例に当てはめると、B、Cが法定相続分に基づいて相続登記を行った後に、B、Cが共同して全員の持分に対して抵当権を設定したような場合には、当該相続登記を抹消するに当たっては、当該抵当権の抵当権者の承諾が必要となります。相続登記が抹消されれば、当然にそれに設定していた抵当権も抹消されることとなるためです。

(3)　現に効力を有する登記であること ■■■■■■■■■■■■■■

　抹消すべき登記そのものが形式上現に効力を有するものでなければならないとされています。「現に効力を有するもの」とは、最新の権利関係を表す登記をいいます。例

えば、甲から乙、乙から丙へ順次所有権が移転している場合、乙から丙への所有権移転登記が「現に効力を有するもの」として取り扱われます。

このため、甲から乙への所有権移転登記を抹消するためには、まず乙から丙への所有権移転登記を抹消し、甲から乙への所有権移転登記が「現に効力を有するもの」と取り扱える状況にした上で、その抹消登記を行う必要があります。

アドバイス

〇先例への疑義

上記(1)イの(イ)で紹介した昭和33年4月15日民事甲771号が出された時点では、相続放棄の効力として「初めから相続人とならなかったものとみなす」という民法939条の規定が存在しなかったことから、今後は抹消登記の方法によるという理論の余地も出てくるという意見も見受けられます（登記192・11）。

ケーススタディ

【ケース1】

Q 相続登記を錯誤で抹消する場合、登記権利者である相続人が数名いるときにその1人から申請できるのでしょうか。

A 実体法上の権利関係と適合しない登記を錯誤により抹消することは、共有物の現状を維持する行為であり、保存行為の性質を有することから、共有者の1人である相続人単独で抹消登記申請を行うことができます（民252ただし書）。

もっとも、上記のように相続人1人が単独で相続登記を抹消し、正しい相続登記も単独で行ってしまうと、他の相続人に対して登記識別情報通知が発行されないこととなってしまい、後々争いが生じる可能性があることに注意が必要となります。

【ケース2】

Q 相続放棄により相続登記を抹消する場合、相続財産管理人が単独で申請できるのでしょうか。

A 相続財産管理人とは、「相続人のあることが明らかでないとき」に、家庭裁判所から相続財産を管理する者として選任された者をいいます（民951・952）。例えば、法定相続人が全て相続放棄したような場合に上記選任が行われます。

そして、相続財産管理人は、保存行為においては家庭裁判所の許可を得ることなく、これを行う権限を有することとなります（民953・28・103）。

このため、既になされた相続登記が相続放棄により実体と適合しない場合には、これを抹消することは相続財産の現状を維持する行為であり、保存行為の性質を有することから、相続財産管理人が単独で申請することができます。

【ケース3】

Q 条件付所有権移転仮登記後に仮登記義務者が死亡した場合、本登記をするには相続登記が必要なのでしょうか。

A 本ケースの場合、条件付所有権移転仮登記の本登記を行う際の登記義務者は仮登記義務者であり、その登記義務を相続により承継した相続人がこの義務を履行することとなります。

このような場合には、その前提として必ずしも相続人名義の相続登記を要せず、申請情報と併せて相続人の相続を証する情報を提供して、仮登記権利者と相続人との共同申請によって本登記を行うことができます（昭38・9・28民事甲2660）。

2 添付情報の確認・収集

(1) 抹消の原因を証する書面

実体法上の権利関係と登記とに完全な不適合が生じていることを証する書面を確認、収集する必要があります。

(2) 登記義務者の登記済権利証（登記識別情報通知）

抹消登記の対象となる権利に関する登記済権利証（登記識別情報通知）を確認、収集する必要があります。

第6章　登記後の処理　　247

（3）　登記義務者の印鑑登録証明書
　　抹消登記の対象となる権利を有する者の印鑑登録証明書を確認、収集する必要があります。
（4）　登記上の利害関係人の承諾書
　　抹消登記につき登記上の利害関係を有する第三者の承諾書を確認、収集する必要があります。

（1）　抹消の原因を証する書面 ■■■■■■■■■■■■■■■■■■■■■■■

　実体法上の権利関係と登記とに完全な不適合が生じていることを証明する書類の添付を要します。具体的には、遺言書や遺産分割協議書、相続放棄申述受理証明書などがこれに当たります。

　遺言書がこれに当たる例としては $\boxed{1}$ (1)、遺産分割協議書がこれに当たる例としては $\boxed{1}$ (1)アの具体例をご参照ください。

　相続放棄申述受理証明書がこれに当たる例としては、被相続人Ａ、妻Ｂ、子Ｃがいて、Ａが亡くなったことにより、ＢとＣが2分の1ずつの法定相続割合で相続する登記をＢの債権者Ｘが代位によって行った後に、ＢとＣが既に相続放棄をしていたことが判明したような場合がこれに該当します。

　このような場合、ＢとＣの相続放棄申述受理証明書を添付して抹消登記を行い、改めてＡの父母や兄弟姉妹を相続人とする相続登記を行うこととなります。

（2）　登記義務者の登記済権利証（登記識別情報通知）■■■■■■■■

　抹消登記の対象となる登記を行った際に、登記義務者に交付された登記済権利証（登記識別情報通知）の添付を要します（不登22）。

（3）　登記義務者の印鑑登録証明書 ■■■■■■■■■■■■■■■■■■

　登記義務者の印鑑登録証明書の添付を要します（不登令16②）。なお、この印鑑登録証明書は、作成後3か月以内のものであることを要します（不登令16③）。

（4）　登記上の利害関係人の承諾書 ■■■■■■■■■■■■■■■■■■

　抹消登記につき登記上の利害関係を有する第三者があるときは、その者の承諾書の

添付を要します。当該「承諾書」は、実印を押印し、その実印に関する印鑑登録証明書を添付することが必要になります。

　上記「登記上の利害関係を有する第三者」とは、抹消登記により消滅する所有権を目的とする抵当権、地上権、賃借権等の登記名義人や、差押え、仮差押えの登記名義人などを指します。

3 抹消登記申請書の作成

> **（1）　所有権保存登記の抹消**
> 　抹消される保存登記の登記名義人による単独申請をします。
> **（2）　所有権移転登記の抹消**
> 　抹消される移転登記の登記名義人を登記義務者、移転する前の所有者を登記権利者とする共同申請をします。

（1）　所有権保存登記の抹消 ■■■■■■■■■■■■■■■■■■■■■

　抹消される保存登記の登記名義人が申請人となり、申請書を作成します。抹消登記によって登記上利益を受ける者が存在しないことから登記名義人の単独申請となります。

【参考書式39】　抹消登記申請書（所有権保存登記の抹消）

（2）　所有権移転登記の抹消 ■■■■■■■■■■■■■■■■■■■■■

　抹消される移転登記の登記名義人が登記義務者、抹消登記によって登記上利益を受ける前所有者である被相続人が登記権利者となります。実際には、被相続人より登記権利者としての地位を承継する相続人が登記権利者として共同申請を行うこととなります。

【参考書式40】　抹消登記申請書（所有権移転登記の抹消）

第6章　登記後の処理　　　　　　　　　　　249

【参考書式39】　抹消登記申請書（所有権保存登記の抹消）

登 記 申 請 書

登 記 の 目 的　　所有権抹消

原　　　因　　　錯誤

抹消する登記　　○年○月○日受付第○○○○○○号

申　　請　　人　　○○市○○町1丁目2番　○○○○

添 付 情 報

　　　　登記原因証明情報　　登記識別情報　　印鑑証明書　　代理権限証明情報

　　　　承諾書

登記識別情報（登記済証）を提供することができない理由

□不通知　□失効　□失念　□その他（　　　　　　　）

□登記識別情報の通知を希望しません。

○年○月○日申請　○○法務局　○○支局

代　　理　　人　　○○市○○町3丁目4番

　　　　　　　　司法書士　○○○○　㊞

　　　　　　　　　電話番号　○○○−○○○○−○○○○

登 録 免 許 税　　金○○○○円

　　　　　　　　　　　〔以下省略〕

250　　　　　第6章　登記後の処理

【参考書式40】　抹消登記申請書（所有権移転登記の抹消）

登　記　申　請　書

登 記 の 目 的　　所有権抹消
原　　　　　因　　錯誤
抹消する登記　　○年○月○日受付第○○○○○○号
権　利　　者　　（被相続人A）
　　　　　　　　　上記承継者　○○市○○町1丁目2番　B
義　務　　者　　○○市○○町3丁目4番　C
添 付 情 報
　　登記原因証明情報　　登記識別情報　　印鑑証明書　　代理権限証明情報
　　承諾書　　相続証明情報※
〔以下省略〕

※Bが A の地位を承継することを証明する戸籍謄本（全部事項証明書）、遺言書等です。

第 7 章

渉外相続登記への
対応

252

第7章　渉外相続登記への対応　253

＜フローチャート～渉外相続登記の処理＞

1 被相続人の国籍と適用法の確認
　(1)　国籍の確認
　(2)　適用法の確認

補助者業務のポイント
適用法確認のサポート

2 相続登記に必要な書類の確認
　(1)　米国籍の場合
　(2)　中国籍の場合
　(3)　韓国籍の場合
　(4)　北朝鮮国籍の場合

3 添付情報の収集
　(1)　米国籍の場合
　(2)　中国籍の場合
　(3)　韓国籍の場合
　(4)　北朝鮮国籍の場合

4 渉外相続登記申請書の作成
　(1)　登記申請書の作成

1 被相続人の国籍と適用法の確認

> **(1) 国籍の確認**
> 　外国籍の被相続人の国の法律において相続がどのように規定されているかを確認するため、被相続人の国籍を確認します。
> **(2) 適用法の確認**
> 　被相続人の国の法律を確認し、相続について被相続人の国の法律に従って処理するか日本の法律に従って処理できるかを確認します。

(1) 国籍の確認 ■■■■■■■■■■■■■■■■■■■■■■■■■■■

　外国籍の被相続人が日本の不動産を所有して死亡し相続が開始した場合、当人の相続について日本の法律に従って処理するのか、被相続人の国の法律に従って処理するのかという問題が生じます。この点につき、わが国では「法の適用に関する通則法」という法律があり、そこでは、「相続は、被相続人の本国法による」と定められています（法適用36）。したがって、被相続人が外国籍を有している場合、まずは当該被相続人の国の法律において相続がどのように規定されているかその国の法律を確認する必要があります。

　そのため、被相続人の相続について受任した場合はまず、当人の国籍を調査し、適用される法律を調べる必要があります。

　被相続人の国籍は、被相続人の住民票の除票の写しや在留カードを確認することによって特定することができます。

(2) 適用法の確認 ■■■■■■■■■■■■■■■■■■■■■■■■■■■

　外国籍の被相続人の相続については当人の本国法によって処理することになりますが、国によっては、その国の法律で更に相続における準拠法を定めており、その定め方は大きく2つに類型化することができます。

　1つは、相続についての準拠法に関し不動産と動産で別々に定め、不動産に関する相続は不動産の所在地の法律で、動産に関する相続は被相続人の住所地若しくは本国法によるとするものになります。アメリカ、イギリス、フランス、ベルギーなどがこの

第7章　渉外相続登記への対応　　255

ような法律になっています。

　もう1つは、相続の財産の種類によって準拠法を区別することなく、被相続人の住所地の法律若しくはその国籍の国の法律という単一の法によって準拠法とするものです。スイス、デンマーク、ノルウェーなどは被相続人の住所地の属する国の法律を相続の準拠法とし、日本、韓国、ドイツ、イタリアなどは被相続人の国籍の国の法律を相続の準拠法としています。

　日本の法律（法の適用に関する通則法）によって相続はいったん被相続人の国籍の法律によって処理されることになりますが、当該国の法律によっては、不動産所在地や被相続人の住所地の法律で処理されるとされていて、日本にある不動産についての相続あるいは被相続人の住所地が日本であればその相続は日本の法律で処理するということになります。

アドバイス

○同一性書面としての閉鎖登録原票記載事項証明書

　被相続人の最後の住所が登記記録上の住所と異なる場合、登記申請に係る被相続人と登記記録上の被相続人が同一人であることを証明するため、被相続人の登記記録上の住所から最後の住所までの住所移転履歴の記載のある公的証明書が必要になります。

　日本に住所のある外国人については、平成24年7月9日以降は住所地の市役所において外国人も住民票が取得できるようになりました。しかし、平成24年7月8日以前は、外国人に関する住民票制度は存在せず、外国人登録原票記載事項証明制度によって現住所及び住所の変遷が管理されていました。

　被相続人の登記記録上の住所からの住所移転が平成24年7月8日以前に行われている場合は、被相続人の最後の住所と登記記録上の住所移転の沿革を証明するためには、住民票制度の導入によって閉鎖された外国人登録原票記載事項証明書を取得する必要があります。

　この閉鎖された外国人登録原票記載事項証明書は現在、法務省によって管理されており、法務省に対して交付請求を行う必要がありますが、交付請求から交付まで概ね1か月程度の時間がかかります。

　相続登記手続をスムーズに進行させるためには、まず登記記録上の住所と被相続人の最後の住所を確認し、住所移転している場合は住所移転日を相続人に確認した上で、その住所移転日が平成24年7月8日以前であれば、法務省に対して閉鎖された外国人登録原票記載事項証明書の交付請求を早めに行うよう差配することが肝要です。

256 第7章 渉外相続登記への対応

補助者業務のポイント

○渉外相続案件を受任した場合

　渉外相続案件を受任した場合、住民票や在留カードによって国籍が確認できたら、その国の法律を確認する必要が生じます。

　その国の法律については、文献の取り寄せやインターネットで確認します。外国法について資料収集を迅速に行うため、どこを当たれば求める資料が入手できるかを確認し準備しておく必要があります。

2　相続登記に必要な書類の確認

（1）　米国籍の場合
　　被相続人の国籍が米国籍の場合に相続登記に必要となる書類を確認します。
（2）　中国籍の場合
　　被相続人の国籍が中国籍の場合に相続登記に必要となる書類を確認します。
（3）　韓国籍の場合
　　被相続人の国籍が韓国籍の場合に相続登記に必要となる書類を確認します。
（4）　北朝鮮国籍の場合
　　被相続人の国籍が北朝鮮国籍の場合に相続登記に必要となる書類を確認します。

（1）　米国籍の場合 ■■■■■■■■■■■■■■■■■■■■■■■■■

　米国には日本の戸籍制度に該当する制度や住民登録制度は存在しません。個人に関する証明書は、出生証明書、死亡証明書、婚姻証明書等が発行されていますが、これらでは確定的に相続人が全員であることの証明まではできないものになります。そこ

で、米国人の相続に関する相続証明書としては、相続人から相続登記に必要な情報を記載した、公証人（Notary Public）の認証のある宣誓供述書を作成することによって相続証明書とすることになります。宣誓供述書に記載を要する内容としては、①宣誓者の住所・氏名・生年月日、②被相続人の死亡時の住所・氏名・生年月日・死亡日、③被相続人と宣誓者の関係、④被相続人の相続人の住所・氏名・生年月日・関係一覧及び他に相続人はいない旨等が考えられます。相続人全員から同内容の宣誓供述を必要とするか、あるいは相続人のうち1名から上記①ないし④まで全てを宣誓供述し、他の相続人については①のみで足りるとするかは、法務局によって扱いが異なっているように見受けます。相続人全員から①ないし④を宣誓供述しておけば必要十分ではありますが、依頼者の負担を極力減らすならば、事前に確認しておくことが好ましいといえます。

　遺産分割協議によって特定の相続人のみが相続することになる場合は、日本人の相続登記の場合は、相続証明書の他、遺産分割協議書と相続人の印鑑登録証明書が必要になるところ、米国には印鑑証明制度がありません。印鑑登録証明書の代わりに米国大使館領事部若しくは相続人が米国在住であれば公証人（Notary Public）のサイン証明制度を利用することになります。

　遺産分割協議書に相続人がアメリカ大使館総領事部若しくは公証人（Notary Public）の面前で署名してもらい、認証を受けることになります。

アドバイス

○サイン証明

　米国大使館領事部若しくは公証人（Notary Public）のサイン証明制度を利用する場合、領事部担当者や公証人（Notary Public）の面前で相続人が署名し、署名した書類自体に認証を受ける方法と、署名した書類とは別にサイン自体の証明を交付してもらう方法が選択できる場合があります。このような場合でも、実務上は原則、領事部担当者や公証人（Notary Public）の面前で署名してもらって、その署名した書類自体にサイン証明を行ってもらうように差配したほうが無難です。

　署名した書類とは別にサイン自体のサイン証明の交付を受けた場合、日本の実印と印鑑証明を照合するときのように、書類に書かれたサインと、サイン証明で記載されているサインが一致しなければならないことになりますが、印鑑と違ってサインは人間の手で行うものですので、サインする都度若干異なってくることが予測されます。登記手続において登記官が書類の署名としてなされたサインと、サイン証明に記載されたサインが一致していると判断できる程度に同じ形であることが要求されますが、どの程度であ

れば一致していると判断されるのかは主観的な問題で、一定の基準をもって判断することが困難であるといえますので、このような手法は避けたほうが無難です。

(2) 中国籍の場合 ■■■■■■■■■■■■■■■■■■■■■■■■■■■■

中国には日本の戸籍制度に該当する制度や住民登録制度は存在しません。中国は、1958年制定の「戸口登記管理条例」に基づき、戸口簿という戸籍に類似する制度によって国民の住所、氏名、生年月日等の情報を管理しています。しかしながら、日本のようにこれらの情報に関する住民サービスとしての謄本や証明書を交付する制度が確立されておらず、戸口簿や身分証の記載等をもとに公証処という公証役場のような機関で証明を受け、「公証書」という証明書にしたものが、日本における戸籍謄本（全部事項証明書）や住民票の写しに代わる証明書になります。①被証明者の住所・氏名・生年月日、②被相続人の死亡時の住所・氏名・生年月日・死亡日、③被相続人と被証明者の関係、④被相続人の相続人の住所・氏名・生年月日・関係一覧及び他に相続人はいない旨等の内容が記載された公証書をもって相続証明書とすることになります。

遺産分割協議がある場合の相続登記において印鑑登録証明書に代わる書面が必要になる場合、印鑑についても公証書を作成することができ、印影と日本の印鑑登録証明書と同内容の記載のある公証書を印鑑登録証明書の代わりとすることができます。

┌─────────── アドバイス ───────────┐

○香港についての取扱い

　香港については中国にありながら特別行政区であることから取扱いが異なり、国籍が中国（香港）となっている場合は、公証書を作成することができない取扱いになっています。

　香港の場合、民政事務所という公証役場のような機関があり、そこで公証書と同内容の証明である声明書を作成してもらうことが可能です。国籍が、中国（香港）となっている方の相続証明としては、香港の民政事務所作成の声明書がこれに該当することになります。

└──────────────────────────┘

(3) 韓国籍の場合 ■■■■■■■■■■■■■■■■■■■■■■■■■■■■

韓国については、平成20年1月1日の「大韓民国家族関係の登録等に関する法律」の

施行以前は、日本と同様の戸籍制度があったので、それまでの韓国戸籍は相続証明書の一部として使用することができます。

平成20年1月1日の「大韓民国家族関係の登録等に関する法律」の施行以後は、戸籍制度は廃止され、個人別家族関係登録制度に移行しています。新制度下では個人ごとに、①家族関係証明書（父母・配偶者・子女の人的事項が記載されます。）、②基本証明書（本人の出生・死亡・改名等の人的事項が記載されます。）、③婚姻関係証明書（配偶者の人的事項、婚姻・離婚に関する事項が記載されます。）、④養子縁組証明書（養父母又は養子の人的事項及び縁組・離縁に関する事項が記載されます。）、⑤親養子縁組証明書（親父母・養父母又は親養子の人的事項及び親縁組・親離縁に関する事項が記載されます。）が発行されることになります。

被相続人の国籍が韓国である場合は、旧法下での韓国戸籍と、新法下での各証明書を合わせて相続証明書とすることになります。

なお、遺産分割協議がある場合の相続登記における印鑑証明については、韓国は印鑑証明制度があり、韓国の印鑑証明を相続登記に添付する印鑑登録証明書として使用可能です。

アドバイス

〇韓国戸籍及び各証明書についての留意点

　新法下での各証明書の記載事項には、記載ミスや転記ミスがあることが多いように見受けます。生年月日や性別に記載ミスがある場合もありますので、韓国戸籍、各証明書を入手した場合は、まず記載内容に問題がないかを確認する必要があります。記載内容に問題があれば、その問題が登記上問題になるような問題かどうかを検討することになります。登記上問題になるようであれば証明書の訂正にどのような手続や期間を要するか、困難な手続や長期間を要するのであれば、訂正せずに上申書等で対応可能かどうかを検討すべきです。登記申請までに対処する必要がありますので、早い段階で確認しておくことが肝要です。

---

(4)　北朝鮮国籍の場合

　北朝鮮には日本の戸籍制度に該当する制度や住民登録制度は存在しません。代わりに朝鮮総連が相続証明書を発行しています。朝鮮総連発行の相続証明書には、原則、①被相続人の住所・氏名・性別・生年月日・死亡年月日・国籍、②家族の続柄・氏名・

260 第7章 渉外相続登記への対応

生年月日が記載されています。法務局でも、昭和32年7月19日民三発817号及び昭和61年11月以降の東京法務局首席登記官会議において、朝鮮総連発行の相続証明書といえど特に否定的に取り扱うことのないように指導がなされた経緯で、特に問題なく相続登記の相続証明書として取り扱うことができます。

3 添付情報の収集

（1） 米国籍の場合

　被相続人の国籍が米国籍の場合に相続登記に必要となる書類の収集についての打合せ、確認を行います。

（2） 中国籍の場合

　被相続人の国籍が中国籍の場合に相続登記に必要となる書類の収集についての打合せ、確認を行います。

（3） 韓国籍の場合

　被相続人の国籍が韓国籍の場合に相続登記に必要となる書類の収集についての打合せ、確認を行います。

（4） 北朝鮮国籍の場合

　被相続人の国籍が北朝鮮国籍の場合に相続登記に必要となる書類の収集についての打合せ、確認を行います。

（1） 米国籍の場合 ■■■■■■■■■■■■■■■■■■■■■■■■■■■■■■

　米国籍の関わる相続登記では前述のとおり、宣誓供述書、遺産分割協議のあるときは遺産分割協議書及びサイン証明等が必要になります。

　宣誓供述書は依頼人に現地の公証人（Notary Public）事務所に赴いてもらい作成してもらう必要がありますが、どのような内容で作成してもらうか指示しておかなければ、正しい内容での宣誓供述書を作成することは困難であると思われます。

　したがって、まずは依頼人との打合せで、相続関係者の出生証明書、死亡証明書、婚姻証明書等を徴求の上ヒアリングを行い、相続関係を把握することによって、宣誓

第7章　渉外相続登記への対応　　261

供述書の文案を作成する必要があります。宣誓供述書文案や遺産分割協議がある場合の遺産分割協議書、登記委任状等米国籍の相続人が署名すべき書類は、署名者が内容を把握できなければなりませんので、署名者が日本語を読んで理解できなければ、英語で作成しなければなりません。署名者が日本語を読んで理解できる場合であっても、内容の読解、理解に齟齬があってはいけませんので、極力署名者の母国語で作成することが好ましいといえます。法務局提出時には日本語訳を添付する必要がありますので、英語と日本語を併記した書類を作成することも方法の1つです。

　依頼者が何度も公証人（Notary Public）事務所に足を運ぶ必要がないよう、宣誓供述書文案、遺産分割協議書、委任状等の署名が必要な書類はまとめて送付し、公証人（Notary Public）事務所で行う作業やサイン証明の作成の仕方について依頼人によく説明して必要十分な書類が集まるよう差配しておくことが肝要です。

(2)　中国籍の場合 ■■■■■■■■■■■■■■■■■■■■■■■■■■

　中国籍の被相続人の相続登記を行う場合は、中国であっても香港の場合は必要な書類、取得場所が異なりますので、被相続人の国籍が香港であるのかそうでないのかをまず確認します。香港以外の中国の場合は、公証処で相続関係に関する公証書と遺産分割協議がある場合は印鑑公証書を作成してもらうよう手配します。香港の場合は、民政事務所で相続関係に関する声明書と遺産分割協議がある場合は署名証明を作成してもらうよう手配します。公証書や声明書に記載してもらう内容についてはあらかじめ依頼者に戸口簿や身分証の内容、死亡証明を元にヒアリングを行い、文案を作成しておく必要があります。

(3)　韓国籍の場合 ■■■■■■■■■■■■■■■■■■■■■■■■■■

　韓国籍の被相続人の相続登記を行う場合に必要な韓国戸籍や各証明は日本における韓国領事館を通して取得することができます。本人のほか、代理人が取得することも可能ですが、代理で取得する場合でも本人の身分証明書が必要になりますので、留意が必要です。本人に取得を依頼する場合は、必要な旧韓国戸籍の範囲と現在の証明制度で発行される各証明のうち何が必要かをよく説明しておく必要があります。被相続人については、出生から各証明制度に改正されるまでの韓国戸籍と家族関係証明書、基本証明書、婚姻関係証明書、養子縁組証明書、親養子縁組証明書が原則必要になります。相続人については基本証明書と家族関係証明書が必要になります。

　韓国戸籍の代理取得と翻訳については、専門の行政書士や取得翻訳代行業者も多く

存在しますので、依頼者や依頼を受けた司法書士自身が取得と翻訳まで行うことが難しければ、そのような専門家等に依頼することも考えられます。

(4) 北朝鮮国籍の場合 ■■■■■■■■■■■■■■■■■■■■■■■■■■

　北朝鮮国籍の被相続人の相続登記を行う場合は、依頼人に朝鮮総連で相続関係証明書を発行してもらうように手配します。朝鮮総連側で相続関係証明で証明すべき事項を把握している場合もありますが、①被相続人の住所・氏名・性別・生年月日・死亡年月日・国籍、②家族の続柄・氏名・生年月日を記載してもらうよう依頼者に伝え、必要な情報に漏れがないよう差配すべきです。

4　渉外相続登記申請書の作成

(1) 登記申請書の作成
　被相続人が外国籍の場合の相続登記申請書を作成します。

(1) 登記申請書の作成 ■■■■■■■■■■■■■■■■■■■■■■■■■■

　登記申請書の内容は渉外相続登記であっても内容は日本人の相続登記と大きく変わるところは特にありません。

　ただし、不動産登記では、個人の名前についてはアルファベット表記ができないため、外国人が登記名義人となる場合は、読み方をカタカナで表記することになりますので、申請書上の相続人の氏名についても日本語訳と一致した読み方でカタカナ表記をする必要があることに留意が必要です。名前については機微な問題であり、読み方表記が問題ないかを依頼者とよくすり合わせしておく必要があります。

相続登記相談対応マニュアル

令和元年 9 月26日　初版発行

編　　集	司法書士法人 おおさか法務事務所
編集代表	北　村　清　孝
発 行 者	新日本法規出版株式会社
	代表者　星　　謙一郎

発 行 所　新 日 本 法 規 出 版 株 式 会 社

本　　社 総轄本部	(460-8455)	名古屋市中区栄 1 － 23 － 20 電話　代表　052(211)1525
東京本社	(162-8407)	東京都新宿区市谷砂土原町2－6 電話　代表　03(3269)2220
支　　社		札幌・仙台・東京・関東・名古屋・大阪・広島 高松・福岡
ホームページ		https://www.sn-hoki.co.jp/

※本書の無断転載・複製は、著作権法上の例外を除き禁じられています。
※落丁・乱丁本はお取替えします。　　　　ISBN978-4-7882-8616-0
5100082　相続登記相談
　　　　　　　Ⓒ司法書士法人 おおさか法務事務所 2019 Printed in Japan